Philippe Hauenstein

Bibel Coaching

www.fontis-verlag.com

Philippe Hauenstein

Bibel Coaching

52 Weisheiten, um als Persönlichkeit zu reifen

fontis

Bibliografische Information der Deutschen Nationalbibliothek

Die Deutsche Nationalbibliothek verzeichnet diese Publikation in der Deutschen Nationalbibliografie; detaillierte bibliografische Daten sind im Internet über www.dnb.de abrufbar.

Umschlag: René Graf, Fontis-Verlag
Satz: René Graf, Fontis-Verlag
Druck: Finidr
Gedruckt in der Tschechischen Republik

ISBN 978-3-03848-198-0

INHALT

INHALT

ANLEITUNG FÜR WACHSTUM

Wie wirst du in zehn oder in zwanzig Jahren sein? In welchem Bereich wirst du besser sein als heute? Welche unvorteilhaften Charaktereigenschaften werden sich bei dir verstärken? Welche neuen Verhaltensweisen möchtest du dir aneignen? Wir Menschen haben eine Persönlichkeit, die entwickelt werden will. Doch nicht jede Person arbeitet gleich intensiv an sich selbst oder profitiert von Menschen im eigenen Umfeld, die sie weiterbringen wollen.

Die Idee für dieses Buch ist aus der Kombination von intensiver Persönlichkeitsentwicklung auf dem beruflichen Karriereweg und jahrelanger Arbeit mit jungen Menschen entstanden. Die Erfahrung zeigt, dass die Mehrheit der Menschen über eine ausgeprägte Bereitschaft für persönliches Wachstum verfügen und enorme Fortschritte in einer Kultur von Aufmerksamkeit und Wertschätzung erzielen.

ANLEITUNG FÜR WACHSTUM

Persönlichkeitsentwicklung ist sehr wertvoll. Sie verhilft dir zu wachsen, und wenn du kontinuierlich an dir arbeitest, wirst du zu einem besseren Du. Um die Persönlichkeitsentwicklung ist ein regelrechter Hype entstanden. Inzwischen gibt es eine Fülle von Coaches, Kursen, Videos, Apps, Büchern und vielem mehr. Persönlichkeitsentwicklung ist in den vergangenen Jahren zur Religion hochstilisiert worden – die Religion, welche die eigene Person verherrlicht. Schließlich kannst du alles erreichen, wenn du es wirklich willst. Doch genauso wie bei den meisten Dingen im Leben bleibt auch die Persönlichkeitsentwicklung in einer übermäßigen Dosis nicht ohne Nebenwirkungen. Wenn du alles selbst verwirklichen kannst, wenn du es nur genügend wollen musst, wenn du die Verantwortung für deinen Erfolg und Misserfolg auf deinen Schultern tragen sollst, entsteht ein großer Druck auf dich selbst. Schließlich bist du alleine zuständig, wer sonst. Möglicherweise glaubst du, dass du auf keinen Fall an dir zweifeln darfst? Oder du denkst, dass du nicht genug Willenskraft besitzt, wenn du es nicht schaffst? Vielleicht denkst du: «Ich darf nicht schwach sein!» Oder: «Ich darf nicht versagen!»

Dieser zermürbende Druck und die innere Angst müssen nicht sein. Wenn du die 52 Impulse in diesem Buch liest, wirst du entdecken, dass sich zu allem, was die Persönlichkeitsentwicklung lehrt, verblüffende Parallelen im wohl ersten und ältesten Buch der Welt finden lassen. Es ist bewundernswert, wie viel Anleitung zum persönlichen Wachstum in der Bibel aufgeschrieben wurde, und zwar noch bevor die moderne Persönlichkeitsentwicklung und die Neurowissenschaften entdeckt wurden. Die Bibel beinhaltet sämtliche Zutaten für ein Umfeld der Aufmerksamkeit und der Wertschätzung.

Übrigens ist der Glaube an einen lebendigen Gott keine Religion, sondern eine Beziehung. Gott möchte uns über die Bibel das Beziehungs-Management zu den anderen Menschen, aber auch zu ihm und zu uns selbst beibringen. Durch Jesus Christus hat er seinen Sohn in die Welt gesandt, damit wir an seinem Beispiel diese erstrebenswerte bedingungslose Liebe lernen. Dank dem Glauben an einen Gott, der alles in der Hand hat, der den Menschen spürbar hilft und sie sogar rettet, müssen wir nicht alles alleine können. Wir dürfen unsere Ängste, Zweifel und Sorgen zu ihm bringen und uns von ihm verändern lassen, wo wir selbst daran scheitern. Dort, wo uns die menschliche Begrenztheit limitiert, kommt Gottes übernatürliche Kraft zur Geltung.

Viel Spaß beim Lesen und Umsetzen!

Philippe Hauenstein

Bibel Coaching

52 Weisheiten, um als Persönlichkeit zu reifen

Jede Trainingseinheit beinhaltet folgende Aspekte:

Fragen, welche deine Persönlichkeit betreffen. Nimm dir etwas Zeit, um diese Fragen für dich zu beantworten.

In der Bibel treffen wir die unterschiedlichsten Persönlichkeiten an. Was hat uns die Bibel zu dem entsprechenden Thema zu sagen?

Das ist wichtig! Höre genau hin und nimm dies für die Entwicklung deiner Persönlichkeit mit.

1

IST ES VORSTELLBAR, SO IST ES MÖGLICH

Wie oft hast du Menschen in deinem Umfeld sagen gehört: «Ich glaube nur, was ich sehe»? Tatsächlich bedeutet Glauben genau das Gegenteil, nämlich für wahr halten, was man noch nicht sieht. Wir begründen Dinge als unrealistisch, weil wir sie uns nicht vorstellen können.

Eine wahre Begebenheit aus dem Sport illustriert diesen Effekt sehr beeindruckend.

Lange Zeit galt es als unmöglich, die Englische Meile (1609,3 Meter) unter 4 Minuten zu laufen. Am 6. Mai 1954 durchbrach der britische Mittelstreckenläufer Roger Bannister mit einer Zeit von 3:58,8 Minuten diese Schallmauer. Das wirklich Spannende an diesem Rekord ist, dass noch im selben Jahr 33 weitere Athleten es ebenfalls schafften, die Meile unter 4 Minuten zu laufen. Also erst, nachdem Roger Bannister vorgemacht hatte, dass es möglich ist.

Auch in der Wissenschaft gibt es ein legendäres Beispiel dafür, wie wir uns durch mangelnde Vorstellungskraft zu sehr begrenzen. George Dantzig war 1939 Student an der University of California in Berkeley. Als er einmal verspätet in eine Vorlesung kam, standen an der Tafel zwei bekannte unbewiesene Thesen aus der Statistik. George Dantzig hatte die Ausführungen des Dozenten wegen seiner Verspätung nicht mithören können, hielt die Thesen für eine Hausaufgabe und notierte sie sich. Obwohl er die Aufgaben als etwas «schwerer als sonst» empfand, löste er sie und gab die Lösungen ein paar Tage später dem Dozenten ab. Als der Dozent sich bei George Dantzig zu Hause meldete, vermutete dieser zuerst, dass vielleicht etwas nicht Ordnung war mit seinen Berechnungen. Zu seinem Erstaunen stellte sich schnell heraus, dass er einige Aufgaben gelöst hatte, von denen man bis dahin annahm, dass sie «unmöglich zu bewältigen» seien, und seine Arbeit im größten wissenschaftlichen Magazin publiziert werden sollte. Beide Beispiele vermitteln uns dieselbe Erkenntnis: Wenn du nur glaubst, was du siehst, dann limitiert dich dein Vorstellungsvermögen darin, das Unmögliche möglich zu machen.

1. IST ES VORSTELLBAR, SO IST ES MÖGLICH

Es gibt zahlreiche Dinge in unserem Leben, die wir uns nicht vorstellen können. Unvorstellbar ist zum Beispiel die Tatsache, dass unsere Erde mit 108.000 km/h durchs Weltall rast und wir nichts von dieser horrenden Geschwindigkeit spüren. Unvorstellbar ist jedoch nicht gleichbedeutend wie unrealistisch. Die Geschwindigkeit der Erde ist real, sie lässt sich sehr genau berechnen. Und unrealistisch ist somit nicht gleich unmöglich. Denn unrealistisch ist einfach noch nicht real.

Wenn wir verhindern wollen, etwas für unmöglich zu erachten, nur weil wir es als unrealistisch empfinden, sollten wir uns mit unserer Vorstellungskraft auseinandersetzen. Beginne groß zu denken, übertreffe deine eigenen Vorstellungen, hör nicht auf, dir das Unmögliche zuzumuten. Ist es vorstellbar, so ist es möglich.

Hast du schon mal fest an etwas geglaubt, und es ist wahr geworden? Bist du überzeugt, dass der Glaube Berge versetzen kann, oder bemitleidest du Menschen, die ihren Glauben brauchen, um durchs Leben zu kommen?

Glauben ist kein Umkehrschluss von mangelnder Vorstellungskraft. Kritiker behaupten, dass der Glaube nur für schwache Menschen sei. Richtig ist: Wer glaubt, begibt sich in eine Beziehung mit Abenteuerpotenzial, die jegliche Grenzen des Menschen-Möglichen sprengt.

Die Bibel erklärt den Glauben so: «Der Glaube ist der tragende Grund für das, was man hofft: Im Vertrauen zeigt sich jetzt schon, was man noch nicht sieht» (Hebräer 11,1). Im Vertrauen bekunden wir Zuversicht, und die ist wiederum die Grundlage für jegliche Hoffnung. Der Glaube ist laut Bibel somit ein Fundament für unsere Hoffnung.

Ein Mensch ohne Hoffnung gilt in unserer Gesellschaft als trostlos. Wer nicht daran glaubt, dass seine Wünsche und Ziele irgendwann Realität werden, verkümmert. Jeder Mensch glaubt irgendetwas. Selbst Menschen, die nichts glauben, legen sich ihre persönlichen Glaubensmuster zurecht. Und auch die Wissenschaft trifft Annahmen, bis zu dem Zeitpunkt, in dem die Mutmaßungen durch Fakten nachgewiesen werden können.

Über den Glauben oder über Annahmen stärken wir unsere Vorstellungskraft. Jesus sagt, wer glaubt, ohne zu sehen, hat eine enorme Glaubenskraft: «Wie glücklich können sich erst die schätzen, die mich nicht sehen und trotzdem glauben!» (Johannes 20,29).

An Jesus Christus zu glauben, ist als intakte Beziehung gedacht. Falls du dich entscheidest, den Lebensweg mit Jesus zu gehen, dann erfordern die ersten Glaubensschritte ganz bestimmt noch Wagemut und Entschlossenheit. «Unser Leben auf dieser Erde ist dadurch bestimmt, dass wir an ihn glauben, und nicht, dass wir ihn sehen» (2. Korinther 5,7).

Je regelmäßiger du in der Bibel liest, mit Jesus redest, betest und Gemeinschaft mit anderen Christen erlebst, darfst du dich darauf verlassen, dass der Heilige Geist dir Erkenntnis verleiht: «Der Heilige Geist, den euch der Vater an meiner Stelle als Helfer senden wird, er wird euch alles erklären und euch an das erinnern, was ich gesagt habe» (Johannes 14,26).

In der Beziehung zu Jesus sind seine Nähe und sein Wirken erlebbar. Somit müssen wir uns nicht länger auf den Glauben an Jesus beschränken, sondern wir erlangen gleichzeitig eine felsenfeste Gewissheit, weil wir auf gemeinsame Erlebnisse in unserem Leben zurückblicken können.

Während seines Wirkens auf der Erde hat Jesus unvorstellbare Wunder vollbracht: Er hat Wasser zu Wein verwandelt, er hat über 5000 Menschen mit nur fünf Broten und zwei Fischen satt werden lassen, Kranke wurden geheilt, Blinde konnten wieder sehen, Lahme konnten wieder gehen, Tote wurden wieder lebendig. Jesus hat sehr wohl gewusst, dass diese Wunder unsere Vorstellungskraft übersteigen. Deshalb hat er immer auf seine übernatürliche Kraftquelle hingewiesen und uns angespornt, unsere menschliche Vorstellungskraft zu sprengen: «Für Menschen ist es unmöglich, aber für Gott ist alles möglich!» (Matthäus 19,26). Wenn wir an ihn glauben, auf ihn vertrauen und ihm das Menschen-Unmögliche zutrauen, dann gilt das auch heute für uns.

Vieles erscheint uns nur unmöglich, weil wir es uns nicht vorstellen können. Glaube und Vorstellungskraft hängen zusammen: Wer an Gott glaubt, trainiert seine Vorstellungskraft, denn der Glaube traut Gott vieles zu, das die Grenzen der Vorstellungskraft sprengt.

2

LOBE DEN FORTSCHRITT, NICHT DIE PERFEKTION

Spornt es dich an, immer der Beste sein zu wollen? Setzt du jedes Mal, wenn du in die Nähe eines anvisierten Ziels kommst, noch einen obendrauf?

Sehr oft führt ein solches Verhalten in einen Teufelskreis, denn du kannst dich immer weiter verbessern, ganz egal, wie viel Mühe du bereits damit gehabt hast. Die Jagd nach Perfektion ist eine ewige Plagerei und äußerst kräfteraubend. Wenn das Erreichte von dir nie als ausreichend gesehen wird, schwindet dein Selbstvertrauen. Der Perfektionist nimmt die Welt verzerrt wahr und denkt teils unlogisch. Perfektionisten gibt es in unterschiedlichen Ausprägungen. Sie verfallen folgenden Denkfehlern:

» Das Lebensmotto lautet: «Ganz oder gar nicht.» Abstufungen gibt es für Perfektionisten keine. Perfektionisten leiden oft unter panischer Angst vor Fehlern, oder sie zeigen heftige Überreaktionen bei Fehlern.

» Aussagen wie: «Nie mache ich etwas richtig», deuten klar auf Perfektionismus hin. Radikales Verallgemeinern ebenso. Für Perfektionisten wird Schlimmes künftig immer wiederkehren. Ist Perfektionisten einmal etwas misslungen, bleibt das in Zukunft immer so. Diese Pauschalisierung schränkt die Handlungsmöglichkeiten immer stärker ein.

» Menschen, die oft sagen: «Ich sollte es besser wissen», gehören ebenfalls zu den Perfektionisten. Sie richten sich ständig selbst und können Fehler nicht ablegen. Diese ertragslosen, selbstzerstörerischen Grübeleien lösen eine Negativ-Spirale aus und führen bis hin zur Depression.

Perfektionismus ist weniger Veranlagung als Erziehung und Prägung durch das Umfeld. Eltern, die ihr Kind bei besonderer Leistung mit Liebe und Respekt belohnen, bei Versagen jedoch Sorge und Enttäuschung kundtun, begünstigen die Entwicklung zum Perfektionisten. Wer sich selbst als schlechte Eltern beschimpft, verstärkt den Druck auf das Kind. Es nimmt die ablehnende Haltung als Strafe wahr und fühlt sich schuldig, wenn die Eltern sich Vorwürfe machen. Dabei wird die Angst vor Fehlern immer größer. Im Endeffekt werden Abenteuerlust und Forscherdrang weitgehend gedämpft, und das Kind zieht sich zurück.

2. LOBE DEN FORTSCHRITT, NICHT DIE PERFEKTION

Es gibt weitere gesellschaftliche Bereiche wie Kultur, Werbung, Diät, Fitness, Körperkult, Mode und Wohlstand, welche die Treiber sind für Perfektionismus, Idealismus, Leistungsdruck sowie Selbstwert aus Leistung.

Als Eltern in der Familie, als Vorgesetzte im Beruf, als Trainer im Sport, als Lehrer in der Schule oder einfach als Kollegen unter Freunden machen wir einen gesunden Unterschied, wenn wir den Fortschritt loben und nicht die Perfektion!

Hör mal in dich hinein: Bist du manchmal zu streng mit dir selbst? Machst du dir häufig Vorwürfe, weil du etwas nicht erreicht hast oder falsch gehandelt hast? In welchen Bereichen in deinem Leben wärst du gerne «perfekt»?

An sich zu arbeiten, sich zu verbessern und Fortschritte zu machen, ist richtig und wichtig. Alles andere bedeutet Stillstand und letztlich Rückschritt. Sein Bestes zu geben hat jedoch nichts mit ungesundem Perfektionismus zu tun. In einer von Leistung geprägten Kultur ist es wertvoll, wenn wir den Humor behalten und herzhaft über uns selbst lachen können. Deshalb musst du nicht perfekt sein; es reicht, wenn du brillant bist.

Solltest du dich manchmal unqualifiziert fühlen für eine Aufgabe oder eine aktuelle Lebenssituation, dann bist du in bester Gesellschaft. Wenn wir die zahlreichen Personen in der Bibel miteinander vergleichen, stellen wir fest, dass Gott mit Vorliebe unqualifizierte Menschen für sein Werk gebrauchte:

- » Noah war ein Trinker.
- » Abraham war ein Greis.
- » Jakob war ein Lügner.
- » Lea war hässlich.
- » Josef wurde misshandelt.
- » Mose war ein stotternder Krimineller.
- » Simson war moralisch bedenkenlos.
- » Gideon war ein Zweifler.
- » Rahab war eine Prostituierte.
- » Jeremia hatte Depressionen.
- » David hatte eine Affäre und verordnete einen Auftragsmord.
- » Elia war mental instabil und suizidgefährdet.
- » Jesaja predigte nackt.
- » Jona rannte vor Gott davon.

- Naomi war eine alte Witwe.
- Hiob musste Bankrott anmelden.
- Petrus verriet Jesus mehrmals.
- Die Jünger fielen immer wieder in einen Tiefschlaf.
- Martha machte sich zu viele Sorgen.
- Die Samariterin am Brunnen war mehrfach geschieden.
- Zachäus war gierig.
- Paulus war ein Religions-fanatiker.
- Timotheus war jung und hatte Geschwüre.
- Und Lazarus war einfach nur tot.

Trotzdem – oder genau deshalb – hat Gott seine Geschichte mit unserer Welt ausgerechnet mit diesen Menschen geschrieben. Könnte es sein, dass Gott genau deshalb mit Vorliebe unqualifizierte Menschen gebraucht, damit die Ehre und die Anerkennung *seiner Allmacht* zugeschrieben wird und nicht den Leistungen und Fähigkeiten von Menschen?

Ich könnte mir außerdem vorstellen, dass es einfacher ist, Laien ohne vorgefasste Meinung auf Gottes Abenteuerreisen mitzunehmen. Fachexperten tendieren eher dazu, beratungsresistent zu sein, weil sie bereits eine Vorstellung davon haben, wie die Sache laufen muss.

Wir leben in einer Gesellschaft, in der es üblich ist, sich mit anderen Menschen zu vergleichen. Müssen wir uns nicht hin und wieder eingestehen, dass wir auf andere Personen hinabschauen, die wir als weniger perfekt einstufen?

Ist es nicht befreiend zu sehen, dass Gott ganz besonders die Unqualifizierten für sein Werk gebrauchen kann? Erinnere dich regelmäßig daran! Für Gott musst du nicht perfekt sein.

3

HINDERNISSE FORMEN DEN CHARAKTER

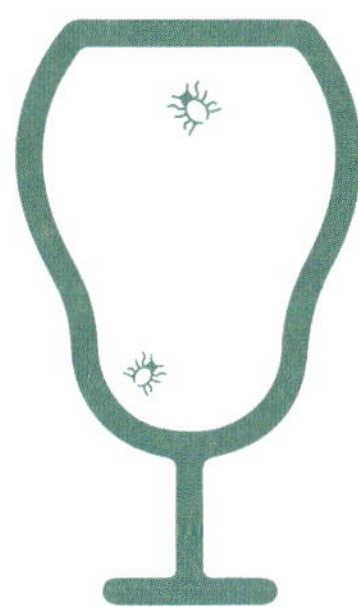

Kennst du die Erzählung von den Flöhen im Glas? Solange das Glas offen ist, springen die Flöhe munter wieder raus. Nachdem du einen Deckel aufs Glas gesetzt hast, stellen die Flöhe allmählich ihre Flughöhe so ein, dass sie, auch wenn du den Deckel nach einer Weile wieder öffnest, nicht mehr aus dem Glas springen. Die Flöhe im Glas haben das Springen verlernt. Was glaubst du, was passiert, wenn du nun frische Flöhe zu denen im Glas dazugibst und den Deckel offenlässt? Springen alle? Springen nur die Neuen? Oder springt keiner der Flöhe aus dem Glas? Richtig ist, dass keiner der Flöhe aus dem Glas springt. Anscheinend überzeugen die resignierten Flöhe alle Neuen, dass es sich nicht lohnt, den Kopf am Deckel des Glases zu stoßen.

Diese Geschichte wird vom Persönlichkeitstrainer Jörg Löhr in der Unternehmensentwicklung erzählt, und zwar in Situationen, wenn langjährige Mitarbeitende den neueingetretenen übermotivierten Kollegen sogleich den Tarif durchgeben: «Das haben viele vor dir auch schon probiert, und es hat nie geklappt!» So beeinflussen langjährige Mitarbeitende ihre Kolleginnen und Kollegen mit ihrer Demotivation nachhaltig, und meistens sind sie auch noch in der Überzahl und ersticken jeglichen Funken Initiative und Selbstmotivation im Keim. Diese Verhaltensweisen beschränken sich leider nicht nur auf das Berufsleben, sondern werden auch im privaten Umfeld praktiziert.

3. HINDERNISSE FORMEN DEN CHARAKTER

Wie gehst du mit Hindernissen um? Gehst du ihnen aus dem Weg und nimmst dafür mühselige Umwege in Kauf? Gibst du bei Hindernissen einfach auf? Oder setzt du bei wiederholt auftretenden Hindernissen jedes Mal deine Erwartungen herunter?

Dann wirst du früher oder später bestimmt resignativ zufrieden. Wenn du dich blockiert fühlst von deinen Hindernissen, dann lass dich von einer noch jungen Sportart inspirieren: von «Parkour».

Bei Parkour geht es darum, ohne Hilfsmittel und unter Überwindung sämtlicher Hindernisse den kürzesten und effizientesten Weg zum selbst gewählten Ziel zu finden. Es ist faszinierend, mit welchem Ideenreichtum und welcher Leichtigkeit die Athleten teils furchterregende Hindernisse überwinden. Was hindert dich daran, deine persönlichen Hindernisse direkt anzugehen, selbstbewusst anzupacken und siegesgewiss zu überwinden? Es wird dir nicht immer beim ersten Versuch gelingen. Aber jeder Fortschritt macht dich stolz auf das Erreichte. Wenn du nicht aufgibst, trainierst du deine Ausdauer. Und wenn du dich nicht unterkriegen lässt von allen Widerwärtigkeiten, dann formst du deinen Charakter.

Bestimmt bist du auch schon an Hindernisse gelangt in deinem Leben. Die einen sind eher klein, andere sind beträchtlich größer. Mit der richtigen Einstellung und inspiriert von kreativen Methoden und Lösungsansätzen lassen sich manche Hindernisse aus eigener Kraft überwinden.

Dann gibt es noch diese furchterregenden Barrikaden, die übermächtigen, hartnäckigen, die uns immer wieder an derselben Stelle unseres Weges auflauern. Nennen wir diese Wegsperre «deinen persönlichen Goliat». Wenn dir riesengroße Hindernisse gegenüberstehen, dann machen diese Riesen sich lautstark bemerkbar. So wie beim jungen und noch nicht kriegserprobten David, der mitangehört hat, wie der feindliche Riese Goliat aus dem Volk der Philister mehrmals am Tag das Volk Israel verbal herausforderte, es verspottete und verhöhnte. Es war nicht erstaunlich, dass viele Krieger des Volkes regelrecht eingeschüchtert waren (1. Samuel 17). Diese übermächtigen Riesen in unserem Leben scheinen unsere Schwachstellen genau zu kennen und freuen sich daran, uns immer wieder auf die wunde Stelle aufmerksam zu machen. Selbst wenn dir jemand tagein und tagaus eine Unwahrheit, eine Lüge eintrichtert, beginnst du irgendwann an der Wahrheit zu zweifeln.

Was ist dein persönlicher Goliat? Kämpfst du schon lange gegen deine widerspenstigen Hindernisse in deinem Leben? Dann ist es an der Zeit, sich übernatürliche Hilfe zu holen. In der Bibel gibt es eine Fülle von Geschichten und Aussagen, die uns aus der lähmenden Einengung unserer Hindernisse befreien wollen. In der erwähnten Geschichte von David und Goliat hat Gott David dank einem gezielten Schuss aus der Hirten-Steinschleuder gewinnen lassen. Der scheinbar übermächtige Riese Goliat fällt tot zu Boden. Derselbe David wird später König über das Volk Israel und hat in den Psalmen für uns festgehalten, wie wir am erfolgreichsten mit Hindernissen umgehen: «Mit dir, mein Gott, kann ich über Mauern springen» (Psalm 18,30).

Wenn wir den Blick vom Hindernis weg auf Gottes Hilfe lenken, ist nichts unmöglich. Jesus motiviert uns, die Zweifel wegzulegen und ans Unmögliche zu glauben: «Wenn ihr glaubt und nicht im Geringsten daran zweifelt, dass es wirklich geschieht, könnt ihr zu diesem Berg sagen: ‹Hebe dich von der Stelle und stürze dich ins Meer!›, und es wird geschehen» (Markus 11,23). Auch wenn du dich im Leben hart bedrängt fühlst, mit Gott werden wir am Ende auf der Siegerseite stehen: «Mitten im Leid triumphieren wir über all dies durch Christus, der uns so geliebt hat» (Römer 8,37).

Gott ist kein Wunschautomat, der sämtliche Anfragen umgehend auf Knopfdruck erfüllt. Wenn er dich warten lässt, ist es oftmals so, dass die Zeit für sein Eingreifen noch nicht reif ist. Viele Menschen, die Gottes Hilfe später als erwartet erfahren durften, sind heute überzeugt, dass Gott ihren Charakter in dieser Wartezeit geformt hat. Würdest du Gott trotzdem treu bleiben, wenn er zu deinen Lebzeiten überhaupt nicht eingreift? Gott ist nicht gebunden an Raum und Zeit. Er denkt und handelt in größeren Dimensionen. Für ihn ist das Leben auf dieser Erde nur eine kurze Zeitspanne, verglichen mit dem Leben in Ewigkeit. Seine Pläne mit dir reichen hinein bis ins Leben in seiner Herrlichkeit.

EMOTIONEN
VERWIRRT VERLOREN TRAURIG AKZEPTIERT WILD & FREI TROSTLOS ERFRISCHT VERBLÜFFT BETRÜBT SATT VERGNÜGT ÄNGSTLICH
ANTRIEBSLOS DANKBAR ENTSPANNT VERLEGEN GELIEBT ERSTAUNT NUTZLOS
AUFGEBRACHT RESPEKTIERT ÜBERFORDERT WERTGESCHÄTZT ERFREUT GLÜCKLICH
ERLEICHTERT FRÖHLICH BELEIDIGT HILFLOS BEZAUBERT ZUFRIEDEN DEPRESSIV

VOKABULAR DES GRÖSSTMÖGLICHEN ERFOLGS

Je nach Quelle, die wir wählen, umfasst die englische Sprache zwischen 500.000 und 750.000 Wörter. Neue wissenschaftliche Berechnungen gehen sogar von mehreren Millionen englischer Wörter aus. Damit ist sie, weltweit gesehen, die Sprache mit den meisten Wörtern, gefolgt von der deutschen Sprache, die es auf ungefähr die Hälfte bringt. Es ist faszinierend, dass angesichts des riesigen Begriffspotenzials unser täglicher Sprachgebrauch so außerordentlich beschränkt ist. Verschiedene Sprachwissenschaftler haben herausgefunden, dass der aktive Wortschatz eines durchschnittlichen Menschen aus nicht mehr als 3000 bis 10.000 Wörtern besteht. Wenn unsere Sprache nun mehrere Hunderttausend Begriffe anbietet, bedeutet das, dass wir in der Regel maximal drei Prozent der Sprache nutzen. Da liegt noch enorm viel Potenzial im Sprachgebrauch.

Es gibt da aber noch eine tragischere Tatsache: Wie viele dieser Wörter beschreiben wohl unsere Gefühle? Mit Hilfe von Synonym-Wörterbüchern zählen wir maximal 3000 Begriffe, die in Zusammenhang mit menschlichen Gefühlsregungen stehen. Was dabei am meisten verblüfft, ist das Verhältnis zwischen den Wörtern, die positive Emotionen beschreiben, und denen, die negative Emotionen definieren. Es gibt rund 1000 Begriffe für positive und doppelt so viele für negative Gefühle. Für Traurigkeit gibt es über 200 Wörter, während es für Fröhlichkeit nur 100 verwandte Begriffe gibt. Kein Wunder, dass sich die Leute häufiger schlecht als gut fühlen!

Worte: Sie dienen dazu, uns zum Lachen oder zum Weinen zu bringen. Sie können verwunden oder heilen, uns Hoffnung einflößen oder uns am Boden zerstören. Ein ausgewähltes, treffend beschreibendes Vokabular kann zur Verstärkung derjenigen Gefühle beitragen, die uns Antriebskraft verleihen. Eine schlechte Wortwahl kann ebenso sicher und schnell eine schädigende Wirkung ausüben. Worte können unser Selbstwertgefühl verletzen oder unsere Herzen entflammen. Wir sind fähig, unsere künftigen emotionalen Erfahrungen schlagartig zu verändern, indem wir einfach andere Worte wählen, um unsere Gefühle zu beschreiben.

Wenn wir es versäumen, unseren Wortschatz zu meistern, und zulassen, dass unsere Wortwahl ausschließlich von unbewussten Gewohnheiten gesteuert wird, dann beeinträchtigen wir unser Erfolgspotenzial. Menschen mit einem verarmten Wortschatz haben ein verarmtes Gefühlsleben. Menschen, die über einen reichen Wortschatz verfügen, bedienen sich einer umfangreicheren Palette von Farben, mit denen sie ihrer Ausdrucksweise eine nuancenreiche Färbung geben; nicht nur in der Kommunikation mit anderen, sondern auch mit sich selbst.

4. VOKABULAR DES GRÖSSTMÖGLICHEN ERFOLGS

Wir sollten uns bewusst machen, dass Wörter unsere Geisteshaltung und somit auch unser Handeln beeinflussen. Welche Sprache benutzt du gegenüber Autoritätspersonen? Oder wie sprichst du mit deinen Kollegen? Ist das Thema, an dem du aktuell arbeitest, einfach nur «ein nerviges, oberdoofes Problem», oder ist es «eine herausfordernde Aufgabe», die du gleich anpacken und erledigen wirst? War deine erbrachte Leistung «ganz o.k.», oder gibst du dem geleisteten Job das Prädikat «ausgezeichnet», «herausragend» oder sogar «Weltklasse»? Wähle die größtmögliche Erfolgssprache!

Für Menschen ist es unmöglich, nicht zu kommunizieren. Selbst wer nichts sagt, macht damit eine Aussage. Keinen Kommentar abzugeben wird gedeutet als «Ich stimme stillschweigend zu», «Es interessiert mich nicht» oder «Ich habe es nicht begriffen». Wenn es dir wichtig ist, dass du richtig verstanden wirst, dann wähle einen wirksamen und präzisen Sprachgebrauch.

«Worte haben Macht: Sie können über Leben und Tod entscheiden. Wer sich gerne reden hört, muss mit den Folgen leben», sagt Salomo in Sprüche 18,21. Was sind das für Folgen? Welche Wirkungen haben unsere Worte? Die «Botschaft» deiner Worte entsteht immer beim Empfänger: Entscheidend ist nicht, wie etwas gemeint ist; entscheidend ist, was beim andern ankommt. Das bedeutet, dass du, wenn du mit jemandem redest, ein Interesse an der Wirkung bei deinem Gegenüber haben solltest. Genau deshalb sprechen wir zum Beispiel mit kleinen Kindern eine andere Sprache als mit Erwachsenen. Der Macht unserer Sprache ist in der Bibel ein ganzes Kapitel gewidmet. Es ist sinnvoll, dem Umgang mit unserer Sprache eine höhere Gewichtung zu verleihen.

«Und machen wir nicht alle immer wieder Fehler? Wem es freilich gelingt, nie ein verkehrtes Wort zu sagen, den kann man als vollkommen bezeichnen. Denn wer seine Zunge im Zaum hält, der kann auch seinen ganzen Körper beherrschen. So legen wir zum Beispiel den Pferden das Zaumzeug ins Maul. Damit beherrschen wir sie und können das ganze Tier lenken. Und selbst bei den Schiffen, die nur von starken Winden vorangetrieben werden können, bestimmt der Steuermann die Richtung mit einem kleinen Ruder. Genauso ist es mit unserer Zunge. So klein sie auch ist, so groß ist ihre Wirkung! Ein kleiner Funke setzt einen ganzen Wald in Brand. Mit einem solchen Feuer lässt sich auch die Zunge vergleichen. Sie kann eine ganze Welt voller Ungerechtigkeit und Bosheit sein. Sie vergiftet uns und unser Leben, sie steckt unsere ganze Umgebung in Brand, und sie selbst ist vom Feuer der Hölle entzündet. Die Menschen haben es gelernt, wilde Tiere, Vögel, Schlangen und Fische zu zähmen und unter ihre Gewalt zu bringen. Aber seine Zunge kann kein Mensch zähmen. Ungebändigt verbreitet sie ihr tödliches Gift. Mit unserer Zunge loben wir Gott, unseren Herrn und Vater, und mit derselben Zunge verfluchen wir unsere Mitmenschen, die doch nach Gottes Ebenbild geschaffen sind. Segen und Fluch kommen aus ein und demselben Mund. Aber genau das, meine lieben Brüder und Schwestern, darf nicht sein! Fließt denn aus einer Quelle gleichzeitig frisches und ungenießbares Wasser? Kann man Oliven von Feigenbäumen pflücken oder Feigen vom Weinstock? Ebenso wenig kann man aus einer salzigen Quelle frisches Wasser schöpfen» (Jakobus 3,2-12).

Dieser Abschnitt ist gleichsam beeindruckend modern und zutreffend auf uns.

Es gibt ein paar einfache Tipps, dank denen wir im Alltag lernen, mit unserer Sprache besser umzugehen. Alles beginnt damit, dass du aktiv einen positiven und vielfältigen Wortschatz wählst. Zudem ist es wichtig, dich kontrollieren zu lernen, wenn du zu den Menschen gehörst, die unüberlegt drauflosreden. Was einmal gesagt ist, kannst du nicht mehr rückgängig machen. Ein Hinweis darauf, dass du dich in den Griff kriegen solltest, ist außerdem, wie viel du über andere Menschen hintenherum sprichst. «Redet nicht schlecht voneinander, sondern habt ein gutes Wort für jeden, der es braucht. Was ihr sagt, soll hilfreich und ermutigend sein, eine Wohltat für alle» (Epheser 4,29).

Wähle die Sprache der Wertschätzung für deine Mitmenschen,
und du wirst jeweils ein Lächeln geschenkt bekommen.

!

5

DIE NEBENWIRKUNGEN DES POSITIV-EFFEKTS

Wie einfach fällt es dir, dich zu motivieren? Traust du dir von Natur aus große Dinge zu, oder bist du eher zögerlich?

Henry Ford hat sich nicht nur als Automobil-Pionier einen Namen gemacht. Auch in der Management-Lehre werden seine Erkenntnisse und Zitate oft und gerne benutzt. Henry Fords Erkenntnis: «Egal, ob du glaubst, dass du es schaffst oder nicht, du wirst immer Recht behalten!», zielt direkt auf deine persönliche Vorstellungskraft und auf die Frage, ob du an deine inneren Vorstellungen glaubst.

Die Fokussierung auf deine selbstbewusste Vorstellungskraft nennt man «Positiv-Effekt», und er funktioniert auch in umgekehrter Richtung. Leider bleibt es nicht nur dabei, dass du nicht glaubst, es zu schaffen, nein, du hörst dich auch noch allzu oft selbst sagen: «Das schaffe ich nie!» oder: «Früher war alles leichter, heute traue ich mir das nicht mehr zu!» Unter solchen Eigenaussagen, die du sowohl bewusst als auch unbewusst mitlaufen lässt und dir auch ständig selbst zusprichst, zuflüsterst, zurufst, erstickst du deinen letzten Funken Mut, und du resignierst.

Jedes Jahr werden unzählige wissenschaftliche Untersuchungen durchgeführt. Dabei fällt immer wieder eine Tatsache auf: Die Einstellung von Menschen – also das, was wir für wahr und wichtig halten – hat Einfluss auf das Ergebnis. Wovon wir selbst positiv überzeugt sind, beeinflusst unser Verhalten und damit den langfristigen Erfolg. Dieser Positiv-Effekt stammt ursprünglich aus der Medizin (Placebo-Effekt). Einfach gesagt, ist es erwiesen, dass der Glaube gesund macht. Durch die vorgetäuschte Behandlung durch Medikamente – die allerdings keinerlei Wirkstoffe beinhalten – kann bei einem Patienten eine Verbesserung des Zustandes zwischen 34 % und 100 % erzielt werden. Diese eher unglaublich scheinenden Werte wurden in weltweit durchgeführten Studien ermittelt. Spannend dabei ist, dass die Verbesserung des Patientenwohls nicht allein vom Glauben an die Behandlung selbst abhängt, sondern auch von den Erwartungen der Umgebung. Je mehr Eltern von Kindern nach einer am Kind vorgenommenen Behandlung ihre Erleichterung ausdrückten, desto höher war die Wahrscheinlichkeit der Genesung des Kindes. Und zwar auch dann, wenn der Sprössling nur mit Placebo (Scheinmedikamenten) behandelt wurde.

Die Einfühlsamkeit der Ärzte oder Apotheker spielt eine entscheidende Rolle im Heilungsverlauf. In seinem Persönlichkeitsentwicklungs-Seminar erzählt Gregor Heiss von einem Versuch in einer Apotheke, bei dem die Mitarbeitenden angewiesen wurden, bei der einen Kundengruppe die Medikamente ohne weitere Kommentare auszuhändigen, während bei einer zweiten Kundengruppe die Medikamente mit den Worten «Damit werden Sie ganz bestimmt sehr schnell wieder gesund» überreicht wurden. Die Auswertung dieses Versuchs hat ergeben, dass die Kunden der zweiten Gruppe, die den Genesungsaussichten der Apotheker geglaubt haben, auch tatsächlich schneller wieder gesund wurden. Es macht in jedem Fall einen Unterschied, ob du es glaubst oder nicht.

Was sind wohl deine Gründe, weshalb dir positives Denken nicht immer gleich gut gelingt? Würdest du Hilfe annehmen, wenn dich jemand dabei unterstützen würde, chancenorientiert zu sein?

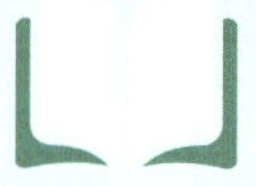

Die Bibel ist voll von motivierenden Worten und Versprechen, die das Potenzial haben, bei dir den Positiv-Effekt auszulösen.

Gott sagte dem sichtlich verzagten und zweifelnden Josua die starken Worte: «Sei mutig und entschlossen! Lass dich nicht einschüchtern und hab keine Angst! Denn ich, der Herr, dein Gott, stehe dir bei, wohin du auch gehst!» (Josua 1,9). Damit hat Gott bei Josua die positive Vorstellungskraft stimuliert, denn Josua sollte das Volk Israel ins verheißene Land führen und war in Gedanken in der Vergangenheit hängengeblieben, als noch der Bibel-Held Mose das Volk angeführt hatte.

Und genau diese Retrospektive nimmt uns die freie Sicht auf eine bessere Zukunft: «Frag nicht: ‹Warum war früher alles besser?› Damit zeigst du nur, wie wenig Weisheit du besitzt» (Prediger 7,10). Den unnötigen Ballast aus der Vergangenheit abzulegen und sich auf die erfolgreiche Zukunft zu fokussieren, hilft dir, deine Ziele zu erreichen. Deine Vorstellungskraft und dein Glaube haben eine enorme Wirkung. Dafür gibt es zahlreiche Beispiele in der Bibel.

Eine Frau, die Jesus am Kleidungsstück berührte, dachte: «‹Wenn ich wenigstens seine Kleider berühren kann, werde ich bestimmt gesund.› Jesus dreht sich um, sieht sie an und sagt: ‹Du kannst unbesorgt sein, meine Tochter! Dein Glaube hat dich geheilt.› Im selben Augenblick war die Frau gesund» (Matthäus 9,21–22). Etwas später fordert Jesus den Glauben seiner Jünger einmal mehr massiv heraus: «Wenn euer Glaube nur so groß ist wie ein Senfkorn, könnt ihr zu diesem Berg sagen: ‹Rücke von hier nach dort!›, und es wird geschehen. Nichts wird euch dann unmöglich sein!» (Matthäus 17,20–21). Es ist unbestritten, dass wir mit der eigenen Vorstellungskraft und mit dem Glauben vieles erreichen können.

Der größte Unterschied zwischen der Persönlichkeitsentwicklung und der Bibel zeigt sich darin, dass Menschen ohne den Glauben an Gott auf sich selbst gestellt sind. Du musst deine eigene Vorstellungskraft trainieren, du musst das Unmögliche selbst schaffen, du musst dich selbst heilen, du musst deine Ängste selbst bekämpfen, du musst deine Rückschläge selbst verarbeiten. Selbst, selbst, selbst.

In der Bibel hingegen heißt es, dass wir nicht durch unsere eigene Leistung gerettet werden können, sondern dass unser Glaube an Jesus Christus genügt. Wir gehören dann zu einem Gott, der sich eine Beziehung zu uns wünscht und der sich für uns einsetzt: «Denn ich bin der Herr, dein Gott. Ich nehme dich an deiner rechten Hand und sage: Hab keine Angst! Ich helfe dir» (Jesaja 41,13) Und: «Ihr werdet alles bekommen, wenn ihr Gott im Glauben darum bittet» (Matthäus 21,22).

Alle Veränderung beginnt mit deiner Vorstellungskraft. Wenn du es alleine nicht schaffst, bitte Jesus um Unterstützung.

!

6

NUR WAS IN BEWEGUNG IST, KANN GELENKT WERDEN

In der Physik gibt es allgemeingültige Regeln, die mit teilweise einfachen Versuchen nachgeprüft werden können. Eine solche physikalische Regel aus der Bewegungslehre (Kinematik) besagt, dass nur ein Objekt, das in Bewegung ist, auch gelenkt werden kann.

Um diesen Effekt nachzuprüfen, musst du dir lediglich ein Fahrrad oder ein Auto vorstellen, mit dem du im Stillstand voll nach rechts oder voll nach links fahren willst. Du drehst am Lenkrad, aber solange das Fahrrad oder das Auto nicht in Bewegung sind, passiert nichts. Es geht weder nach rechts noch nach links. Eine sehr viel schwieriger herzuleitende physikalische Begebenheit stammt aus der Relativitätstheorie, die Albert Einstein entdeckt hat und die unter anderem besagt: Was sich bewegt, altert weniger schnell.

Die Parallelen dieser beiden physikalischen Gesetzmäßigkeiten zu unseren menschlichen Eigenschaften sind verblüffend. Solange wir liegen, sitzen oder stehen bleiben, ist es schlichtweg nicht möglich, von irgendwelchen Impulsen oder Einflüssen im Leben in die gewünschte Richtung gelenkt zu werden. Es geht darum, dass du den berühmten ersten Schritt machst und aus der Bewegung heraus auf die Erfolgsstraße gelangst. In Bewegung bleiben und ein Leben lang unternehmungslustig zu sein, verlängert nicht nur dein Leben – aktive Menschen altern offensichtlich körperlich und geistig weniger schnell.

Wie wertvoll die Bewegung ist, zeigt sich auch bei unserem Lernerfolg. Der chinesische Philosoph und Lehrmeister Konfuzius hat bereits 500 Jahre vor unserer Zeitrechnung ein wichtiges Element der modernen Lerntechnik festgehalten: «Erzähle es mir, und ich werde es vergessen. Zeige es mir, und ich werde mich erinnern. Lass es mich tun, und ich werde es behalten.»

6. NUR WAS IN BEWEGUNG IST, KANN GELENKT WERDEN

Hast du gewusst, dass auch deine Gefühle durch Bewegung entstehen? Alles, was wir empfinden, ist das Ergebnis dessen, wie wir unseren Körper einsetzen. Sogar die geringsten Veränderungen in deiner Mimik oder Gestik tragen dazu bei, deinen Gefühlszustand zu verändern, und damit auch die Art, wie du dein Leben beurteilst, wie du denkst und wie du handelst. Unser Gesicht verfügt über 26 Muskeln. Untersuchungen haben ergeben, dass die Muskelbewegungen in unserem Gesicht unsere Gefühlszustände diktieren, und nicht umgekehrt.

Wenn wir zum Beispiel ein lachendes Gesicht wählen, bewegt sich unser Gefühlszustand in die fröhliche Richtung, und wenn wir ein grimmiges Gesicht aufsetzen, verfinstert sich in der Folge unser Gemütszustand. Unsere Haltung, die individuelle Bewegung dorthin, kann jede dieser Emotionen herbeiführen. Übrigens diktieren eingefahrene Muskelbewegungen wiederkehrend dieselben Gemütszustände. Es macht also Sinn, aus deinen über die Jahre eingeprägten Mustern auszubrechen und neue Schritte zu wagen.

Magst du es, loszugehen, ohne das Ziel zu kennen? Wie geht es dir dabei, mutig erste Schritte zu tun, ohne den Ausgang des bevorstehenden Abenteuers zu kennen?

In der Bibel finden wir zahlreiche Menschen, die durch ihr mutiges Handeln bei Gott Wohlgefallen gefunden haben.

Noah hat mit der Arche ein überdimensionales Schiff gebaut, an einem Ort, wo weit und breit kein Tropfen Wasser zu sehen war (1. Mose 6,14). Der Urvater Abraham hat Gottes Ruf vertraut, seine Zelte abgebrochen und mutig die Reise ins Unbekannte angetreten (1. Mose 12,1). Als Mose beim Pharao von Ägypten um die Befreiung seines Volkes gebeten hatte, vertraute er auf Gottes Zusage, dass die angedrohten Wunder und Plagen auch wirklich eintreffen werden. Mose sollte jeweils seinen Hirtenstab benutzen, um die Wunder und Plagen auszulösen. Wäre nichts passiert, hätte er sich definitiv der Lächerlichkeit preisgegeben (ab 2. Mose 4,3). Als Gott Josua befahl, den Jordan zu durchqueren, um ins versprochene Land Kanaan zu gelangen, war gerade Frühling und der Jordan zu einem reißenden Fluss angeschwollen. Für das Volk Israel war ein Durchqueren ohne Verluste unvorstellbar. Josua schickte die Hohepriester mit der Bundeslade als Erste in den Fluss, und dabei bekamen sie ordentlich nasse Füße. Erst nachdem die Hohepriester bereit waren, diesen ersten Glaubensschritt zu tun, trennte sich der Jordan auf übernatürliche Weise, und das Volk gelangte trockenen Fußes ans andere Ufer (Josua 3,15-16).

Als Jesus sein Wirken auf unserer Erde begann, wählte er zwölf unterschiedliche Männer als seine Jünger aus. Er forderte jeden von ihnen mit denselben Worten auf: «Komm, folge mir nach!» (Matthäus 9,9). Und sie ließen alles liegen und gingen mit ihm. Bei allen diesen Beispielen war entscheidend, dass die Hauptdarsteller neben ihrem festen Glauben wagemutig ins Handeln kamen. Die Herzenshaltung gehörte dabei zu den grundlegenden Voraussetzungen.

Wenn wir bescheiden, ehrlich und freundlich durchs Leben gehen, öffnen wir uns leichter für Impulse von außen, als wenn wir selbstsüchtig, stur und besserwisserisch jegliche Lenkversuche ignorieren.

Die Bibel fordert uns auf: «Lasst uns einander lieben: nicht mit leeren Worten, sondern mit tatkräftiger Liebe und in aller Aufrichtigkeit» (1. Johannes 3,18). Wir sollen einfach das Herz in die Hand nehmen und mutig voranschreiten. Bist du bereits in Bewegung? Oder verharrst du noch zögerlich im Stillstand? Wenn du auf deinem Glaubensweg geführt und gelenkt werden möchtest, tust du gut daran, ins Handeln zu kommen. «Welchen Wert hat es, wenn jemand behauptet, an Christus zu glauben, aber an seinen Taten ist das nicht zu erkennen?» (Jakobus 2,14).

Den Glauben erkennt man am Handeln.

!

7

DIE STÄRKSTE DIMENSION IM SELBSTBEWUSSTSEIN

Wie stark ist dein Selbstbewusstsein ausgeprägt? Ist es stabil, oder ändert es sich von Tag zu Tag? Viele Menschen glauben, bevor sie sich mit der Persönlichkeitsentwicklung befassen, dass ihr starkes Selbstbewusstsein nur damit zu tun hat, wie sie von sich selbst denken.

Wer jedoch ausschließlich auf sich schaut, von sich selbst eine hohe und gleichzeitig von anderen Menschen eine sehr tiefe Meinung hat, wirkt arrogant (siehe Grafik). Eingebildete, egoistische und arrogante Menschen sind nicht wirklich selbstbewusst. Denn sie haben nicht begriffen, dass das Würdigen, Hochhalten und Respektieren anderer Menschen ihre hohe Meinung über sich selbst keineswegs schmälern oder verunmöglichen muss. Sie empfinden Menschen mit Selbstbewusstsein als Konkurrenz für die eigene Personalität. Hinter ihrer Fassade fühlen sie sich schwach und erheben sich gerne über andere Menschen.

Wer im Gegensatz dazu sich zu sehr auf das fixiert, was andere Menschen über die eigene Person denken und sagen, wirkt unsicher. Dann denken wir zwar großartig über die Einschätzung anderer Menschen, ordnen uns selbst jedoch unter. Dein Selbstbewusstsein erhält Nahrung von der Beziehung zu den Menschen in deinem Umfeld und von deiner Meinung über dich selbst.

Das gesunde Selbstbewusstsein stellt sich ein, wenn wir von beiden eine hohe Meinung haben: von den andern wie von uns selbst.

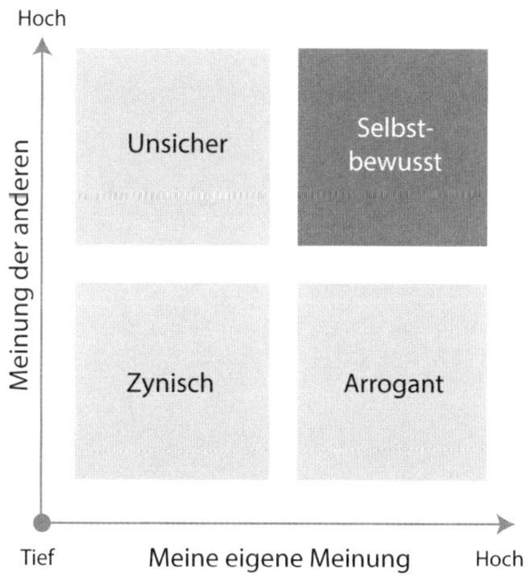

Wie würden wir handeln im Wissen, dass eine gute Beziehung zu anderen Menschen Auswirkungen auf die Entwicklung des eigenen Selbstbewusstseins hat? Dein aktuelles Umfeld prägt dich und deine Zukunft. Das, was du im Leben sein und erreichen möchtest, solltest du unbedingt umsetzen - auch wenn es bedeutet, dass du als Konsequenz die eine oder andere Freundschaft reduzieren oder sogar beenden musst, wenn diese Freunde deinen Wunsch nach Veränderung nicht akzeptieren können. Du brauchst jedoch keine Angst zu haben, denn es treten neue Freunde in dein Leben, und du wirst definitiv nicht unglücklicher, wenn die Leute in deinem Umfeld wechseln.

Glück ist, wenn das, was du denkst, und das, was du sagst, und das, was du tust, in innerer Harmonie zueinander stehen.

?

«Liebe deine Mitmenschen», rät uns Gott in der Bibel. Möglicherweise fragst du dich, weshalb du deine Mitmenschen ausgerechnet «lieben» sollst? Würde *respektieren* oder *mögen* nicht vollkommen ausreichen? Wäre es dir grundsätzlich vielleicht lieber, wenn du die Menschen, die du lieben sollst, selbst aussuchen könntest?

Bitte entschuldige die Provokation: Wenn du mit diesen Fragen einverstanden bist, verfügst du über eine ich-bezogene Haltung. Beziehungen lässt du damit nur selektiv oder einseitig zu.

Die Beziehungsorientierung von Gott zu uns Menschen zieht sich wie ein roter Faden durch die Bibel. Die Parallelen zwischen Persönlichkeitsentwicklung und Bibel sind auch bei der Beziehungsorientierung beeindruckend. Die Bibel geht auch hier noch eine entscheidende Ebene weiter. Zusätzlich zur Beziehung zu anderen Menschen und zu uns selbst fügt Gott noch die Beziehung zu ihm hinzu: «Du sollst den Herrn, deinen Gott, lieben von ganzem Herzen, mit ganzer Hingabe und mit deinem ganzen Verstand» (Matthäus 22,37).

Wenn wir unser Selbstbewusstsein nicht nur auf der Einschätzung von Menschen, sondern auf der Meinung des Schöpfers von Himmel und Erde aufbauen, dann ist das ein wertvoller Schatz. Was Gott über uns Menschen sagt, ist wundervoll: «Sei mutig und entschlossen! Denn ich, der Herr, dein Gott, stehe dir bei, wohin du auch gehst» (Josua 1,9). Der Psalm-Schreiber ist von Gottes Liebe überwältigt: «Herr, ich danke dir dafür, dass du mich so wunderbar und einzigartig gemacht hast! Großartig ist alles, was du geschaffen hast – das erkenne ich!» (Psalm 139,14). Paulus erinnert uns daran, worauf das stärkste Selbstbewusstsein baut: «Wenn Gott für uns ist, wer kann dann gegen uns sein?» (Römer 8,31). Die Zuneigung Gottes zu uns Menschen sollte uns mit so viel Liebe und Selbstbewusstsein erfüllen, dass wir davon übersprudeln und unseren Mitmenschen davon weitergeben können.

Während seines Wirkens auf dieser Erde waren die Menschen erstaunt über die vorbehaltlose Liebe, die Jesus gegenüber allen Menschen authentisch lebte. Mit seiner Aussage: «Liebe deinen Mitmenschen wie dich selbst» (Markus 12,31), setzte er ein großes Zeichen in der Beziehungsorientierung. Das Zusammenleben, die Zusammenarbeit und der gegenseitige Respekt in unserer Verschiedenheit funktionieren dann hervorragend, wenn wir uns gegenseitig so lieben und akzeptieren können, wie wir sind.

Mit diesem Gebot möchte Jesus zudem, dass wir auch uns selbst mögen. Mit Suchtmitteln, Essstörungen, Magersucht und vielen weiteren Ablehnungs-Optionen gegenüber uns selbst fügen wir uns körperliche und seelische Schäden zu. Für Gott aber bist du sein Geschöpf, das er vorbehaltlos liebt: «Wisst ihr nicht, dass ihr Gottes Tempel seid und dass Gottes Geist in eurer Mitte wohnt? Wer diesen Tempel zerstört, den wird Gott ins Verderben stürzen. Denn Gottes Tempel ist heilig, und dieser Tempel seid ihr!» (1. Korinther 3,16–17).

Falls du Mühe hast, dich selbst zu lieben, dann brauchst du Hilfe. Gott wünscht sich nichts mehr, als mit uns in Verbindung zu sein: «Nun seid ihr alle zu Kindern Gottes geworden, weil ihr durch den Glauben mit Jesus Christus verbunden seid» (Galater 3,26). Er will uns mit vorbehaltloser Liebe erfüllen.

Wenn wir unseren Selbstwert nicht nur auf der Einschätzung von Menschen, sondern auf der Meinung des Schöpfers von Himmel und Erde aufbauen, dann ist das ein wertvoller Schatz – die stärkste Dimension im Selbstbewusstsein.

8

ÜBER DIE GEWOHNHEIT ZUM EXPERTENSTATUS?

Gewohnheiten sind der Fingerabdruck des Charakters. Hast du dir jemals eine Gewohnheit an- oder abgewöhnen wollen? Gewohnheiten sind ganz schön hartnäckig. Ist dein Wille stärker als deine Gewohnheiten? Gehörst du auch zu den Menschen, die zu Beginn des Jahres anspruchsvolle Vorsätze fassen und rückblickend immer wieder staunen, wie hochgesteckt die gesetzten Ziele waren und wie erfolglos die Umsetzung endete?

Wenn du dir etwas zur Gewohnheit machen willst, dann kannst du Rituale als bewusstes Werkzeug einsetzen. Knüpfe eine neu zu erlernende Tätigkeit an ein bereits existierendes Ritual. Erinnerst du dich noch daran, wie lange es gedauert hat, bis du dir das Zähneputzen angewöhnt hattest? Für fast alle Erwachsenen ist es mittlerweile eine Gewohnheit, die kaum mehr Mühe kostet. Kombiniere doch die zwei Minuten Zähneputzen morgens und abends mit beispielsweise Gleichgewichtsübungen oder mit Gedankenspielen. Oder stemme vor jedem Duschen noch dreißig Liegestütze. Wäre es nicht großartig, wenn uns das mit allen Dingen gelänge, die uns zunächst keinen Spaß machen? Suche aktiv nach bestehenden Ritualen und nach Tätigkeiten, die du mit neuen Gewohnheiten verbinden kannst. Unser Gehirn braucht bei regelmäßigem täglichem Training rund 21 Tage, bis die neuen Verknüpfungen erstellt und gefestigt sind.

Doch Gewohnheiten sind erst der Anfang. Wer vorhat, in einer Sache zu den Besten der Welt zu gehören, muss zahlreiche Stunden ins Training investieren. Die 10.000-Stunden-Regel hat viele Kritiker, doch sie fasziniert ebenso viele. Der Psychologe K. Anders Ericsson hat sie definiert, und der Autor Malcolm Gladwell hat sie popularisiert, diese Regel, die besagt, dass bis zum Expertenstatus in einer Sache ein Minimum an Zeit von 10.000 Stunden aufgewendet werden muss.

Diese Erkenntnis ist motivierend und demotivierend zugleich, denn auf der einen Seite hat jeder die Chance, ein Experte zu werden, und auf der anderen Seite gibt es – egal, wie begabt du bist – keine Abkürzungen auf dem Weg zum Weltklasse-Status. Selbstverständlich gibt es Talente und Superhelden, die weniger Zeit bis zu ihrem Durchbruch gebraucht haben, aber es ist eine allgemeingültige Basis, um den Weg zur Großartigkeit zu definieren. Bei den weltbesten Sportlern, die zum Beispiel den Basketballkorb bei jedem Wurf und von überall treffen, spricht man vom Muskelgedächtnis.

8. ÜBER DIE GEWOHNHEIT ZUM EXPERTENSTATUS?

Entgegen der Wortbezeichnung ist das Muskelgedächtnis nicht in den Muskeln gespeichert. Es ist eine Prozessinformation, die jedes Mal im Gehirn gespeichert wird, wenn wir unsere Muskeln bewegen. Und das gilt neben dem Sport auch für Musik, Tanz, Malerei oder auch das Geschäftsleben.

Übung macht den Meister.

Und wie eingangs bei der Gewohnheit erwähnt: Hast du dir einmal die Fähigkeit beigebracht, verlernst du sie so schnell nicht wieder, genau wie das Fahrradfahren.

Welchen Unterschied würden die 10.000 Stunden in deinem Leben bewirken? Was könntest du lernen, ändern, verbessern, wenn du diese Stunden investieren würdest in deinem Leben?

So lange trainieren und üben ist hart und erfordert auch Verzicht. Wenn der Weg zum Erfolg zu leicht geht, würden wir dem Erreichten nicht denselben Wert beimessen. Wenn Menschen zu schnell Erfolg erzielen, tendieren sie dazu, überheblich zu werden.

Die Bibel sagt: «Wer Ehrfurcht vor dem Herrn hat, erlangt Weisheit; bevor man zu Ehren kommt, muss man Bescheidenheit lernen» (Sprüche 15,33). Also formen die 10.000 Stunden nicht nur unsere Fähigkeiten, sondern auch unseren Charakter. Paulus hat im Brief an die Gemeinde in Korinth ebenfalls auf das kompromisslose Training hingewiesen: «Wer im Wettkampf siegen will, setzt dafür alles ein. Ein Athlet verzichtet auf vieles, um zu gewinnen. Und wie schnell ist sein Siegeskranz verwelkt! Wir dagegen kämpfen um einen unvergänglichen Preis» (1. Korinther 9,25).

Doch nicht nur deine Fähigkeiten haben es nötig, Aufmerksamkeit zu erhalten, sondern auch deine Beziehungen im Glaubensleben. Dein spirituelles Leben durchschreitet eine Lernkurve. Wenn du in deinem Glauben wachsen willst, dann musst du regelmäßig Schritte machen. Dein Glaube und deine Überzeugung werden durch die Bibel, durch das Gebet und durch die Gemeinschaft mit Gleichgesinnten genährt. «Jesus aber zog sich immer wieder in die Einsamkeit zurück, um zu beten» (Lukas 5,16). Dabei hat Jesus die Beziehung mit Gott, dem Vater, gepflegt.

Das unbezahlbar wertvolle Wort Gottes können wir auch in der Bibel nachlesen. Die Bibel hat 1189 Kapitel. Wenn du schnell liest, dann schaffst du es, in 10.000 Stunden die Bibel hundert Mal durchzulesen. Wenn du aufmerksam liest, bist du etwa nach 50-fachem Durchlesen im Expertenstatus angelangt. Die beste Botschaft der Welt ist es wert, dich ihrem Einfluss auszusetzen! Wie viel Zeit verplempern wir mit unwichtigen Dingen in unserem Alltag – wie zum Beispiel Bildschirmzeit auf dem Handy. Einen Teil dieser Zeit sollten wir uns zurückerobern.

Vielleicht fragst du dich jetzt, ob das Leben als Christ denn so viel leichter ist? Die 10.000-Stunden-Regel gilt grundsätzlich auch für Christen, jedoch können Christen auf übernatürliche Hilfe zählen: «Gott aber ist es, der uns immer wieder neuen Mut und Trost schenkt, um standhaft zu bleiben» (Römer 15,5). Immer wieder wirkt Gott Wunder und verleiht Menschen Begabungen, die sie zuvor nicht hatten und mit denen sie ihn dann ehren.

Willst du im Glauben wachsen? Dann solltest du regelmäßig Schritte in diese Richtung machen. Dein Glaube und deine Überzeugung werden durch die Bibel, durch das Gebet und durch die Gemeinschaft mit Gleichgesinnten genährt.

9

MEIN ERFOLGSJOURNAL ALS GEFÜHLSVERSTÄRKER

Kennst du solche Tage, an denen du abends erschöpft zu Hause ankommst und das Gefühl hast, dass es keine Rolle spielt, ob dieser Tag auf der Stelle aus deinem Leben gestrichen wird? Das sind diese Tage, an denen du scheinbar nichts auf die Reihe gekriegt hast, an denen alles schiefgelaufen ist. Kannst du dir vorstellen, was mit dir geschieht, wenn sich auf einen solchen Tag ein unmöglicher Abend, eine katastrophale Nacht und dann von neuem ein weiterer Tag zum Vergessen aneinanderreihen?

Es ist kaum wegzudiskutieren, dass es solche Tage gibt; entscheidend jedoch ist, wie wir damit umgehen. Wenn unsere Gedanken abends vor dem Einschlafen in den Erlebnissen des Tages wühlen und bei den negativen Themen und den Ärgernissen hängen bleiben, nehmen wir diese damit verbundenen Gefühle mit in die Nacht hinein. Dementsprechend unruhig schlafen wir, und entsprechend gerädert wachen wir am nächsten Morgen wieder auf. Eine Verkettung der negativen Gefühle ist das Resultat.

Die einfache Lösung ist, wenn du deine Wahrnehmung vom vergangenen Tag automatisch auf die positiven Dinge lenkst – und zwar am besten noch vor dem Einschlafen.

Es spielt bei den positiven Dingen überhaupt keine Rolle, ob es ein beruflicher Erfolg war, etwas Privates, Sportliches oder Gesundheitliches. Die Frage lautet nur: «Was war heute gut?»

Schreibe dir drei bis vier Dinge auf. Es ist wichtig, dass du das an jedem Abend tust, auch dann, wenn du Kleinigkeiten suchen musst. Anschließend notiere dir, was du heute gelernt hast. Durch dieses Erfolgsjournal wirst du erleben, dass deine Gedanken bewusst auf positive Erinnerungen gelenkt werden und du dadurch Stück für Stück weiter vorankommst.

Jetzt heißt es einfach nur: Vorbereiten – starten – die ersten Tage unbedingt dranbleiben – hin und wieder zurückblättern – und Dankbarkeit entwickeln.

9. MEIN ERFOLGSJOURNAL ALS GEFÜHLSVERSTÄRKER

?

Willst du deinen Stress-Level senken? Könntest du einen Augenöffner gebrauchen, um täglich zu sehen, was im Leben wirklich wichtig ist? Willst du besser schlafen? Hättest du gerne Erinnerungen daran, was dir alles Schönes passiert ist, damit du daraus Trost schöpfen kannst, wenn du durch schwere Zeiten gehst? Dann beginne ein Erfolgsjournal!

Menschen, die abseits von touristischen Hotspots reisen und weit in der Welt herumgekommen sind, erzählen tief beeindruckt davon, wie Menschen in armen Ländern trotzdem glücklich sind und wie großzügig sie das Wenige, das sie besitzen, mit anderen teilen.

Im Gegensatz dazu kämpfen unzählige Menschen mit den Schattenseiten des Wohlstands. Die meisten Kleinkinder sind überfordert mit dem vielen Spielzeug, das sie geschenkt bekommen. Kaum haben sie damit gespielt, empfinden sie das Geschenk bereits als uninteressant, und es wächst in ihnen der unmittelbare Wunsch nach einem neuen Spielzeug. Als Jugendliche und Erwachsene sind wir dann bestens darauf konditioniert, dass unsere Wünsche sogleich hier und jetzt erfüllt werden – oder wir sie uns gleich selbst erfüllen.

In der Schule und im Beruf leben wir mit einer ausgeprägten Leistungsorientierung, die kaum Fehler oder Misserfolge zulässt. Wir stehen unter Dauerstrom und müssen sowohl am Arbeitsplatz als auch im Privatleben erfolgreich sein. Als Folge des Wohlstands sind wir nicht glücklicher geworden, sondern unzufrieden. Und viele haben das Jammern und Murren perfektioniert.

Eine solche Entwicklung war nie Gottes Plan mit uns Menschen. «Es gefällt Gott, wenn sie [die Kinder und Enkel in der Familie] auf diese Weise ihre Dankbarkeit zeigen für das, was sie von ihnen empfangen haben» (1. Timotheus 5,4). Echte Dankbarkeit erzielt dann die volle Wirkung, wenn du sie andere spüren lässt. «Herr, von deiner Gnade will ich für immer singen; allen kommenden Generationen will ich erzählen, wie treu du bist» (Psalm 89,2).

Eine dankbare Einstellung ist die beste Voraussetzung dazu, von unserem inneren Wohlstand weiterzugeben. «Denn ich habe von deinem Glauben an unseren Herrn Jesus gehört und davon, wie du allen Christen in Liebe verbunden bist. Ich bete, dass unser gemeinsamer Glaube in dir weiter wächst und du immer mehr erkennst, wie reich uns Jesus Christus beschenkt hat. Durch die Liebe, die du anderen erwiesen hast, habe auch ich viel Freude und Ermutigung erfahren, denn ich weiß, wie oft du, lieber Bruder, andere Christen in ihrem Glauben gestärkt hast» (Philemon 1,5-7).

Jetzt kennst du das Rezept gegen Tage, die komplett zum Vergessen sind. Du wirst eine sofortige Wirkung spüren: Erstens: Entwickle Dankbarkeit für alles Gute, das du in deinem Leben erhalten hast. «Ich führe mir vor Augen, was du getan hast, immer wieder mache ich es mir bewusst» (Psalm 77,13). Das geschieht am einfachsten, indem du deine Segnungen aufschreibst und regelmäßig staunst, wie viele Dinge du mit der Zeit aufzählen kannst. Zweitens: Tue anderen Menschen etwas Gutes, und es geht dir selbst sofort besser. «Wer anderen Gutes tut, dem geht es selber gut; wer anderen hilft, dem wird geholfen» (Sprüche 11,25).

10

DEINE GEDANKEN BESTIMMEN DEIN LEBEN

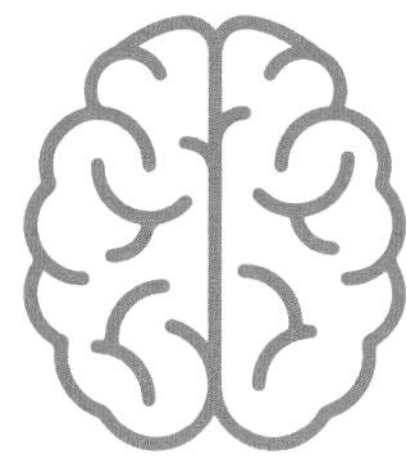

Könnte es sein, dass du dir selbst im Weg stehst? Um es noch präziser zu sagen: Es sind mit größter Wahrscheinlichkeit deine Gedanken, die dir im Weg stehen. Denn womit du dich die ganze Zeit über in deinen Gedanken beschäftigst, bestimmt darüber, was du letztlich glaubst. Und genau das, was du über dich und über andere glaubst, wird beeinflusst von deinen Gedanken. Ja, genau: Auch das, was du über deine Chancen im Leben, deine Möglichkeiten und deine Fähigkeiten glaubst, wird beeinflusst von deinen Gedanken.

Du fragst dich nun bestimmt, woher dieser Glaube kommt? Er ist immer das Ergebnis deiner inneren Bilder, die du mit dir herumträgst. Dein Gehirn funktioniert am stressfreisten mit Bildern, und über Bilder werden auch Informationen in deinem Kopf gespeichert. Diese Bilder hast du dir nicht nur selbst ausgesucht, sie sind geprägt durch deine Erziehung, durch die Schule, durch Freunde, durch die Kultur, durch die Medien, durch dein Umfeld und durch deine Erfahrungen.

Weshalb ist es wichtig, an den Erfolg zu glauben?

Wenn du einfache Dinge vorhast, dann reicht es vielleicht, wenn du sie dir lediglich vornimmst und dann tust. Aber denkst du, dass jemand auf dieser Welt etwas außerordentlich Großes erreichen kann, ohne vorher zu glauben, dass er es erreichen wird?

Dass dein Denken deine Handlungen beeinflusst und dies wiederum dein Leben und deinen Erfolg steuert, ist tausendfach erprobt und erfolgreich umgesetzt worden. Zahlreiche Spitzensportler zeigen sich in der Stunde ihres Erfolgs wenig überrascht, denn sie haben sich tausendfach mental vorgestellt, wie sie als Sieger ins Ziel kommen und bei der Medaillen-Zeremonie zuoberst auf dem Podest stehen.

Auch dein Denken ist immer eine Folge deiner inneren Bilder und deiner Vorstellungskraft. Alles beginnt beim Glauben. Die Neurobiologie hat längst nachgewiesen, dass neue Verknüpfungen im Gehirn – und damit neue innere Bilder – alleine deshalb entstehen, weil ich mir etwas vorstelle und weil ich an diese Vorstellung glaube.

Selbstverständlich braucht es für das Erreichen von großen Zielen eine Menge Übung und Training. Bevor du ziellos drauflos arbeitest, solltest du deine Vorstellungskraft für dein Zielbild nutzen.

Übrigens: Zu glauben heißt, für wahr zu halten, was man noch nicht sieht. Der Lohn für einen solchen Glauben ist, dass das, was man noch nicht sieht, wahr wird. Alle, die glauben, wissen das.

Gibt es Dinge, die du erreichen willst, aber irgendwie klappt es nicht? Kannst du die Gründe hierfür klar benennen?

Mehr als 900 Jahre vor unserer Zeitrechnung hat König Salomo gelebt. Seine Weisheit war weit über die Landesgrenzen bekannt, und seine Ratschläge wurden im Buch der Sprüche im Alten Testament festgehalten. Salomo zitierte bereits damals die Erkenntnis der modernen Persönlichkeitsentwicklung, als er mit Nachdruck betonte: «Was ich dir jetzt rate, ist wichtiger als alles andere: Achte auf deine Gedanken, denn sie entscheiden über dein Leben!» (Sprüche 4,23). Bereits damals hatten die Menschen erkannt, dass unsere innerste Überzeugung unser Leben in die Richtung der von uns gewählten Gedanken lenkt.

Knapp tausend Jahre später hatte Jesus während seines Wirkens auf dieser Erde der Kraft des Glaubens noch mehr Aufmerksamkeit verliehen, als er sagte: «Ihr wisst, dass es heißt: ‹Du sollst nicht die Ehe brechen!› Doch ich sage euch:

Schon wer eine Frau mit begehrlichen Blicken ansieht, der hat im Herzen mit ihr die Ehe gebrochen» (Matthäus 5,27–28). Oder an einer anderen Stelle betont Jesus: «Schon wer auf seinen Mitmenschen zornig ist, gehört vor Gericht. Wer zu ihm sagt: ‹Du Schwachkopf!›, der gehört vor den Hohen Rat, und wer ihn verflucht, der verdient es, ins Feuer der Hölle geworfen zu werden» (Matthäus 5,21–22).

Mit dieser vermeintlichen Gesetzesverschärfung hatte Jesus mächtig für Aufsehen gesorgt und wurde als kompletter Spielverderber verstanden. Jemanden anzublicken oder sich über andere aufzuregen ist doch noch lange kein Vergehen, oder?! Spannend ist jedoch, dass wir von der modernen Persönlichkeitsentwicklung akzeptieren und auf unser Leben anwenden, was wir Jesus als Gesetzesverschärfung vorwerfen: Deine Gedanken bestimmen dein Reden, und das wiederum bestimmt dein Handeln.

Jesu Wirken war von tiefer Liebe zu uns Menschen geprägt. Er wollte uns davor schützen, dass wir – wenn wir uns nur schon vorstellen können, mit einer anderen Frau eine Affäre zu beginnen bzw. unseren Mitmenschen mit Zorn zu begegnen – diese Handlungen daraufhin mit einer tieferen Hemmschwelle vollziehen.

Jesus sagt nichts anderes als: Dein Denken steuert deine Handlungen, und dies steuert wiederum den Erfolg deines Lebens. Deshalb ist es gut, auf die eigenen Gedanken zu achten. Vielleicht entdeckst du, dass das, was dir im Weg steht, deine Gedanken, Glaubenssätze und Vorstellungen sind.

WEG VON ETWAS? ODER HIN ZU ETWAS?

Wie schätzt du dich selbst ein? Bist du ein Weg-von-etwas-Typ? Oder eher ein Hin-zu-etwas-Typ? Hin-zu-etwas-Typen gehen auf das zu, was sie mögen. Weg-von-etwas-Typen entfernen sich von all dem, was sie nicht mögen. Ein Beispiel dazu: Zwei Freunde treffen sich nach dem Studium in einem Café. Sie sitzen inzwischen seit mehr als einer Stunde zusammen – ohne wirkliche Aktivität. Der eine möchte möglichst schnell rausgehen, weil es ihm definitiv zu langweilig wird, am selben Ort rumzusitzen, ohne etwas zu unternehmen. Er möchte einfach weg von hier, das ist seine Motivation. Er ist ein Weg-von-etwas-Typ.

Der andere Freund will nicht weg. Stattdessen löst das ungeduldige Drängen des Freundes bei ihm das Bedürfnis aus, sich nur noch tiefer in den bequemen Stuhl fallen zu lassen. Um sich selbst zu bewegen, braucht er ein Ziel, eine Vision oder eine Vorstellung dessen, wohin es gehen wird. Und sobald er das hat, will er dorthin aufbrechen. Er ist ein Hin-zu-etwas-Typ. Diese Situation durchleben die beiden Freunde immer wieder und machen sich gegenseitig den Vorwurf, nicht kooperativ zu sein.

Viele Missverständnisse zwischen Menschen entstehen deshalb, weil sie in gegensätzliche Richtungen motiviert sind. Der Hin-zu-etwas-Typ will eben nicht weg, er will hin. Und der Weg-von-etwas-Typ will nirgendwo hin, sondern einfach nur weg von dem Ort, an dem er gerade ist. Beide Typen verraten sich in der Art, wie sie Dinge erzählen. Oder mit ihrer Körpersprache.

Weg-von-etwas-Typen nehmen gerne eine zurückgezogene, defensive Haltung ein. Sie verschränken die Arme, machen einen abwartenden Eindruck. Unter Skeptikern findet man eher Weg-von-etwas-Typen, denn sie stellen nicht die Lösung, sondern das Problem in den Vordergrund. Ihr Problem ist also, dass sie wenig lösungsorientiert sind.

Wenn du einen Hin-zu-etwas-Typen fragst, wie er sich das Leben vorstellt, erzählt er dir, was er alles erreichen möchte. Das Problem dieses Typen ist, dass real vorhandene Risiken eher unterschätzt werden. Hin-zu-etwas-Typen benutzen Wörter wie: ermöglichen, bekommen, haben, nutzen, Vorteile, gewinnen, fokussieren, Ergebnis, erreichen.

Der Weg-von-etwas-Typ hingegen wird aufzählen, was er auf keinen Fall will. Weg-von-etwas-Typen reden von «Situationen vermeiden», von Problemen, denen sie aus dem Weg gehen wollen. Sie benutzen Wörter wie: verhindern, vermeiden, verhüten, regeln, loswerden, sich lösen, etwas nicht mehr tun müssen. Und sie signalisieren: «Vermeiden wir das, wird es auch keine Probleme mehr geben.»

Die Werbung hat sich angeeignet, mit beiden Motivationsarten zu arbeiten. Da gibt es Angebote, die eine Absicherung oder eine Vorsorge versprechen. Damit bewegen wir uns weg von der Angst und der Gefahr, zum Beispiel mit einem robusten Geländefahrzeug oder einer Absicherung gegen Erwerbsausfall. Auf der Hin-zu-etwas-Seite gibt es Produkte, die anlocken und besseren Lifestyle versprechen, wie zum Beispiel ein neues Smartphone oder eine attraktive Reisedestination.

Hin-zu-etwas-Typen sind auf das Erreichen ihrer Ziele konzentriert. Das zu bekommen, was sie wollen, beflügelt sie. Hin-zu-etwas-Typen sind sehr gute Visionäre.

Weg-von-etwas-Typen erkennen Probleme bereits, bevor sie wirklich am Horizont auftauchen. Sie werden motiviert davon, rechtzeitig zu vermeiden, dass der schlimmste Fall eintritt. Weg-von-etwas-Typen sind geborene Krisenmanager.

Die erfolgreiche Motivation dieser beiden Verhaltensmuster erfordert Menschenkenntnisse. Wer von sich auf andere schließt, wird es schwer haben im Leben.

Kennst du in deinem Umfeld typische Beispiele für den Hin-zu-etwas-Typ und den Weg-von-etwas-Typ? Zu welcher Gruppe gehörst du?

Die als «Gleichnis vom verlorenen Sohn» bekannte Bibel-Geschichte würde wohl treffender «das Gleichnis der beiden verlorenen Söhne» heißen. Jesus beschreibt im Lukas-Evangelium die angespannte Beziehung beider Söhne zu ihrem Vater, mit der Absicht, anhand dieses Gleichnisses auf das gnädige und vergebende Wesen Gottes hinzuweisen (Lukas 15,11–32).

Wenn wir das Verhalten der beiden Söhne etwas genauer betrachten, stoßen wir auf die in diesem Kapitel angesprochenen Muster. Der jüngere Sohn bat seinen Vater, ihm das Erbe auszuzahlen, damit er ins Ausland auswandern konnte. Dort verschleuderte er sein ganzes Geld, bis er bettelarm Schweine hüten musste, um zu überleben. Als er sich in seinem Elend auf die Güte seines liebenden Vaters besann, kehrte er reumütig zu seinem Vater zurück, um ihn um eine Arbeitsstelle zu bitten. Der jüngere Sohn war ein ausgeprägter Hin-zu-etwas-Typ.

Möglicherweise bist du jetzt nicht einverstanden mit dieser Einschätzung. Kann das sein? Schließlich ist er vom Vater weggelaufen und nur deshalb zurückgekehrt, weil er nicht mehr weiterwusste! So muss man's doch sehen, oder? – Richtig, er hat mit seinem überstürzten Abschied die Beziehung zu seinem Vater überbelastet und ihn persönlich verletzt. Er ist ein Hin-zu-etwas-Typ, weil er mit einem klaren Ziel vom Vater weggelaufen ist. Er wollte das Leben genießen und sich jeden erdenklichen Luxus leisten. Und mit einem ebenso klaren Ziel ist er wieder zu seinem Vater zurückgekehrt.

Die Güte seines Vaters hat ihn richtiggehend angezogen, und er hat eine riesige Chance darin gesehen, eine Arbeit zum Überleben zu finden. Der Mut des jüngeren Sohnes wurde belohnt. Sein Vater war derart erfreut über die Rückkehr seines verloren geglaubten Sohnes, dass er ihn reich beschenkte und umgehend eine große Willkommens-Party steigen ließ.

Erst jetzt tritt der zweite Sohn in Erscheinung. Als er müde von der harten Arbeit nach Hause kommt und realisiert, was da vor sich geht, macht er seinen über die Jahre aufgestauten Frust publik und konfrontiert seinen Vater mit massiven Vorwürfen. All diese Jahre hat er sich doch für ihn abgerackert und alles getan, was der Vater von ihm verlangt hat. Aber nie hat es ein Fest für ihn gegeben, für ihn, den treuen, korrekten Sohn, so dass er mit seinen Freunden hätte feiern können.

Der ältere Sohn ist ein Weg-von-etwas-Typ. Er hat sich nicht räumlich, aber in der persönlichen Beziehung von seinem Vater zurückgezogen. Er hatte alles, was der Vater auch hatte. Was dem Vater gehörte, gehörte auch ihm, und er baute sich in diesem Wohlstand sogar ein Feindbild gegen seinen Vater auf. Als Weg-von-etwas-Typ hätte er auch nie von sich aus äußern können, was ihm Spaß macht oder wie er sich ein gutes und zu ihm passendes Leben vorstellt. Er war damit beschäftigt, aufkommende Probleme zu unterdrücken und unangenehme Situationen zu vermeiden.

Gott liebt alle Menschen und begegnet ihnen mit vorbehaltloser Güte, egal, ob sie über eine Hin-zu-etwas- oder eine Weg-von-etwas-Motivation verfügen. Was er vor allem mag, ist unsere «Hin-Gabe»: «Du sollst den Herrn, deinen Gott, lieben von ganzem Herzen, mit ganzer Hingabe und mit deinem ganzen Verstand» (Matthäus 22,37). Ob du das als Hin-zu-etwas-Typ oder als Weg-von-etwas-Typ tust, ist gar nicht wichtig.

Sowohl der Hin-zu-etwas-Typ als auch der Weg-von-etwas-Typ haben ihre Stärken und Schwächen. Versuche, dich in Menschen einzufühlen, die nicht deinem Typ entsprechen. Wir können voneinander lernen und durch Aufgabenteilung viel mehr erreichen als allein.

12

WEDER GIER NOCH LEERE BRINGEN ERFÜLLUNG

Wir leben in einer Kultur, in der «etwas mehr» nie genug ist. Überall werden wir daran erinnert, was wir sonst noch brauchen und nicht schon haben. Wer gibt sich schon mit «genug» zufrieden? In unserer westlichen Welt erhalten wir unbegrenzte Möglichkeiten. Abgesehen von unseren Pflichten sind wir völlig frei. Wir können alles haben und alles machen. Da wir jedoch nicht unbegrenztes Kapital und unendliche Ressourcen unser Eigen nennen können, treffen wir eine Wahl. Das Schmerzhafte daran ist, sich auf die getroffene Wahl beschränken zu müssen.

Wenn wir uns entschieden haben, sehen wir eindeutig, worauf wir alles verzichten. Wir haben die Tendenz, das, was uns entgeht, als Verlust zu werten. Wir Menschen scheinen aus biologischen Gründen eher unersättlich zu sein. Und Gier ist ein hochemotionaler und ungesunder Antrieb. Wir möchten haben, tun, genießen, erleben. Aus der Entscheidung und dem Verzicht heraus geben wir uns mit einer Einschränkung nicht zufrieden und suchen die Erhöhung der Erlebnisdichte. Wir gönnen uns in immer kürzeren Abständen etwas. Selbstmitleid ist der daraus entstehende Gefühlsverstärker, der zum Beispiel zu Frustkäufen führt.

Unsere Zeitepoche ist geprägt von Beschleunigung, Spaß und Freude. Ist dir aufgefallen, dass Spaß sehr kurzlebig ist? Spaß ist ein kurzer Kick. Kaum ist der eine Spaß zu Ende, empfinden wir das Verlangen nach mehr. Wenn wir uns auf äußere Motivationsfaktoren beschränken, werden wir unzufrieden und unglücklich. Diese extrinsische Motivation treibt uns in die Abhängigkeit; wir suchen danach, immer noch mehr äußere Impulse zu erhalten.

Im Gegensatz dazu ist innere Freude ein durchgängiges Lebensgefühl. Hast du gewusst, dass du Freude aktiv wählen kannst? Niemand anders als du ist für deine Freude und dein Glück verantwortlich. Die innere Freude beginnt bei dir! Anhaltende Freude ist verbunden mit Ausdauer. Ausdauer erfordert Selbstdisziplin, bis sie zur Gewohnheit wird. Wenn du vom äußeren Antrieb auf die Selbstmotivation umstellen willst, beginnst du bewusste Entscheidungen zu treffen. Konsequent mit dauerhaften Entscheidungen zu leben, kostet ungeheuer viel Willenskraft. Was will ich jetzt gerade, und was will ich am meisten?

Zudem: Wir müssen lernen, Verzicht zu üben, und es aushalten, dass wir nicht alles haben, tun, genießen, erleben können. Zahlreiche Menschen haben versucht, aus dieser «Immer mehr ist nicht genug»-Spirale auszubrechen. Es gibt zahlreiche Bücher zum Thema Minimalismus und Essentialismus, also über das Reduzieren auf das Nötigste. Dieser Gegentrend zum unbegrenzten Besitztum resultiert aus dem hohen Wohlstand und wurde ausgelöst von Menschen, die alles gehabt haben und trotzdem nicht glücklich wurden.

12. WEDER GIER NOCH LEERE BRINGEN ERFÜLLUNG

Hast du eine gierige Seite? Welche Dinge hast du dir, wenn du ehrlich bist, in letzter Zeit nur aus Frust gekauft? Kannst du die Minimalismus-Bewegung verstehen, oder fällt es dir eher schwer, Verzicht in deinen Alltag zu integrieren?

Menschen, die in einer Beziehung zu Jesus Christus stehen, sind genauso den Einflüssen der Welt ausgesetzt wie alle anderen und müssen ebenso tagtäglich Entscheidungen treffen.

Die Bibel redet die Schwächen und Fehler der Menschen nicht einfach schön. Wenn du dir deiner Defizite bewusst wirst, kann diese Offenheit ganz schön wohltuend sein.

Die Gier nach mehr war eindeutig schon Tausende Jahre vor unserer Zeit verbreitet: Jakob hat mit List seinem Bruder Esau sein Erstgeburtsrecht abgekauft. König David dachte, dass er von Gott nicht alles erhält, was ihm zusteht, und ging offensiv in eine Affäre mit der verheirateten Batseba. Salomo wurde zum König des Wohlstands. Er hatte ein paar Hundert Kinder mit 700 Frauen und 300 Nebenfrauen. Und auch die Jünger von Jesus stritten sich darum, wer im Himmel wohl die Ehrenplätze rechts und links von Jesus erhalten werde.

Zu den menschlichen Bedürfnissen und dem Umgang mit Gier vertritt die Bibel eine klare Meinung: Der Mensch denkt oft, er bräuchte viel Besitz, um glücklich zu sein, muss am Ende aber erkennen, dass dies ein Trugschluss ist. Gott rät den Menschen dagegen, großzügig zu geben, zu teilen und die Art von Schatz anzusammeln, die im Himmel zählt: Liebe. Der bereits angesprochene König David hatte auch seine guten Seiten und schrieb: «Der HERR ist mein Hirte, nichts wird mir fehlen» (Psalm 23,1). Im Neuen Testament wurde der hungrige Jesus nach seinem 40-tägigen Fasten und Beten vom Teufel versucht, er solle doch die Steine in Brot verwandeln. Und Jesus zeigte viel Selbstdisziplin, als er antwortete: «Der Mensch lebt nicht allein von Brot, sondern von allem, was Gott ihm zusagt!» (Matthäus 4,4).

Jesus hat verstanden, was wir Menschen brauchen, und bietet uns Frieden mit unserem ungesunden Antrieb nach mehr an. Denn einfach nur reduzieren und verzichten ist eine strenge Übung und macht uns nicht dauerhaft glücklich. In der Leere liegt keine Erfüllung. Es ist richtig, dass wir Wünsche und Ziele haben und dass wir in diesem Leben etwas erreichen wollen. Wünsche und Ziele sind der Antrieb, um etwas erreichen zu können.

Jesus hat so viel mehr für uns bereit. Und das gilt hier in dieser Welt, aber auch in der Ewigkeit. «Was hat ein Mensch denn davon, wenn ihm die ganze Welt zufällt, er selbst dabei aber seine Seele verliert?» (Markus 8,36). Unbegrenztes Besitztum macht nicht glücklich und verhilft uns auch nicht zu einer Ewigkeitsperspektive. Auf eine Beziehung mit Jesus zu setzen und trotzdem reich von ihm beschenkt zu werden, schließt sich übrigens auch nicht aus: «Setzt euch zuerst für Gottes Reich ein und dafür, dass sein Wille geschieht. Dann wird er euch mit allem anderen versorgen», hat der Sohn Gottes Menschen versprochen (Matthäus 6,33).

Gott möchte uns das geben, was wir wirklich brauchen. Renn nicht Dingen hinterher, die dich am Ende nicht erfüllen. Zapf lieber eine Quelle an, aus der alles strömt, was auf Dauer glücklich macht. Gott hält viel für uns bereit, wenn wir ihn darum bitten: Liebe, Annahme, Neuanfänge, Vergebung, Trost, Hoffnung, Ermutigung, Weisheit und vieles mehr.

13

DER FOKUS AUF DIE SCHWÄCHE SCHWÄCHT

In vielen Bereichen des Lebens, wie zum Beispiel bei der Erziehung, in der Schule oder im Beruf, werden wir dahingehend geprägt, Fehler zu vermeiden. Wer Fehler macht, erhält Abzug, Strafe oder Abmahnung. Wäre es umgekehrt nicht motivierender, dass es für das richtige Verhalten Punkte oder Belohnungen gibt?

In einer Null-Fehler-Kultur konzentrieren wir uns in erster Linie darauf, Fehler nicht mehr zu tun. Unsere gesamte Energie widmen wir somit unseren Schwächen. Und in dem Bereich, auf den du deinen Fokus richtest, entsteht Wachstum – auch im negativen Sinn. Wenn du dir tagtäglich vorhältst, was du nicht kannst, geht es dir am Ende kaum besser. Denn der permanente Fokus auf deine Schwächen schwächt dich nachhaltig.

Selbstverständlich ist es notwendig, an seinen Schwächen zu arbeiten. Die Frage stellt sich nur, mit welchem Fokus wir die gewünschte Veränderung angehen. Meistens gibt es für jede Schwäche ein gewünschtes Verhalten, dank dem die Kompensation in eine Stärke initiiert wird. Und wenn wir unsere Schwächen wegkriegen, indem wir uns auf das Stärken unserer Stärken fokussieren, fühlen wir uns alle besser.

Was glaubst du, welche Wirkung du langfristig erzielst, wenn du deine Stärken dauerhaft stärkst? Dein Blick sollte sich nicht nur auf die eigenen Stärken richten, sondern auch auf die Qualitäten anderer Menschen, von denen du lernen kannst. Es gibt zahlreiche Menschen auf dieser Welt, die über herausragende Qualitäten und gleichzeitig über Charakterstärke verfügen. Mit modernen Hilfsmitteln wie dem Internet wird dir eine geeignete Auswahl der richtigen Vorbilder bestimmt leichtfallen. Wenn du damit startest, dich auf die Stärken, auf die Chancen und auf das Positive zu fokussieren, wird sich dein Umfeld mit dir verändern. Wenn du die folgenden Empfehlungen beherzigst, wirst du die Menschen um dich herum dazu bringen, in dich zu investieren:

» Ich kritisiere nicht, ich urteile nicht, ich werte nicht ab.

» Ich lasse meinen Selbstwert nicht durch andere definieren.

» Ich lasse mich nicht von negativen Stimmungen anderer anstecken.

» Ich übernehme Verantwortung – erst recht bei negativen Ergebnissen.

» Ich bin pragmatisch, schaffe Tatsachen und Ergebnisse.

» Ich fokussiere mich auf meine Stärken.

» Ich fokussiere mich auf die Stärken anderer, nicht auf deren Schwächen.

» Ich habe Visionen und teile diese mit anderen.

» Ich zeige Leidenschaft und Enthusiasmus.

» Ich demonstriere Zuversicht.

13. DER FOKUS AUF DIE SCHWÄCHE SCHWÄCHT

Gib Acht, dass du dich beim Fokussieren nicht positiven Gedankenspielen hingibst. Die Empfehlung, positiv zu denken, erzielt keine nachhaltige Wirkung. Weil positive Gedanken weniger stark sind als die Wahrnehmung all der positiven Dinge, die es in deinem Leben oder in deinem Umfeld auch tatsächlich gibt. Positives Denken ist kurzfristig; die Gedanken auf das Positive in deinem Leben zu lenken, ist dauerhaft.

Falls du glaubst, dass es gar nichts Positives gibt, das sich in deinem Leben entfaltet und wächst, dann beginne damit, deine Wahrnehmung aktiv auf Dinge zu lenken, die dir gelingen oder die du gut kannst. Du wirst sehen, dass dein neuer Fokus eine Veränderung in deiner Wahrnehmung bewirkt. Wo du deine Gedanken hingibst, dort entsteht Wachstum.

Ertappst du dich manchmal dabei, dass du ziemlich gut darin bist, deine Misserfolge zu betrauern, aber Schwierigkeiten damit hast, deine Erfolge zu feiern? Was hält dich davon ab, ein Lob, eine gute Rückmeldung oder ein erreichtes Ziel zu zelebrieren?

In der Bibel sind unzählige Wunder beschrieben, die Gott zum großen Erstaunen der Menschen bewirkt hat. Ist es denkbar, dass Gott mit diesen Wundern den Fokus der Menschen auf seine Allmacht und Stärke richten wollte - und damit weg von ihrer eigenen Schwachheit und ihren Ängsten?

Die Hauptdarsteller der Bibel bezeugen unisono, wie sie durch die Beziehung zu Gott gestärkt wurden. Der Prophet Jesaja weist auf die unerschöpfliche Kraftquelle Gottes hin: «Aber alle, die ihre Hoffnung auf den Herrn setzen, bekommen neue Kraft. Sie sind wie Adler, denen mächtige Schwingen wachsen. Sie gehen und werden nicht müde, sie laufen und sind nicht erschöpft» (Jesaja 40,31). Und auch der Psalmenschreiber spricht von seinen stärkenden Erfahrungen mit dem Gott, der ihm zuversichtliche Gedanken schenkt: «Gott rettet mich, er steht für meine Ehre ein. Er schützt mich wie ein starker Fels, bei ihm bin ich geborgen» (Psalm 62,8). Paulus schreibt an die Gemeinde in Philippi, dass mit dem richtigen Fokus auf Gott alles möglich ist: «Alles kann ich durch Christus, der mir Kraft und Stärke gibt» (Philipper 4,13).

Jeder Mensch hat seine Stärken. Aber nicht immer sind wir uns unserer Stärken bewusst. Aus diesem Grund ist es wohltuend zu wissen, dass Gott uns Stärke verleihen will. Wenn du an ihn glaubst und ihn darum bittest, steht er zu seinen Zusagen und wird dich nicht erst in der Ewigkeit, sondern auch schon in diesem Leben mit seiner Stärke ausrüsten. In seinen Briefen an die jungen Gemeinden begnügt sich Paulus nicht damit, das negative Verhalten vor Augen zu führen, sondern er liefert jeweils das positive Gegenstück als Verhaltensziel gleich mit: «Gebt ihr dagegen eurer alten menschlichen Natur nach, ist offensichtlich, wohin das führt: zu sexueller Unmoral, einem sittenlosen und ausschweifenden Leben, zur Götzenanbetung und zu abergläubischem Vertrauen auf übersinnliche Kräfte. Feindseligkeit, Streit, Eifersucht, Wutausbrüche, hässliche Auseinandersetzungen, Uneinigkeit und Spaltungen bestimmen dann das Leben ebenso wie Neid, Trunksucht, Fressgelage und ähnliche Dinge. [...] Dagegen bringt der Geist Gottes in unserem Leben nur Gutes hervor: Liebe, Freude und Frieden; Geduld, Freundlichkeit und Güte; Treue, Nachsicht und Selbstbeherrschung» (Galater 5,19-23).

Paulus macht Schluss mit der demotivierenden Vergangenheits-Orientierung und lenkt den Fokus auf den neuen Menschen, der wie neue Kleider übergezogen werden soll: «Zieht das neue Leben an, wie ihr neue Kleider anzieht» (Epheser 4,24).

Die Bibel ist voll von kraftstrotzenden Zusagen und Verheißungen, die auch heute noch für uns Menschen gelten. Fang an, darin zu lesen, und du wirst spüren, dass dein neuer Fokus auf die Stärken dich stärkt.

14

BESCHEIDENHEIT UND DURCHSETZUNGSVERMÖGEN

Der österreichische Arzt und Psychotherapeut Alfred Adler gilt als Begründer der Individualpsychologie. Anfangs 1900 hat er festgehalten, dass sich erfolgreiche Menschen mit den Interessen der anderen beschäftigen, während sich die erfolglosen und gewöhnlichen Menschen vorwiegend um ihre eigenen Interessen kümmern. Das Zugehörigkeitsgefühl ist nach Alfred Adler eines der wichtigsten Grundbedürfnisse des Menschen. In die Gesellschaft gut eingebettet zu sein und sich integriert zu fühlen, ist für unser Wohlbefinden und unsere Gesundheit entscheidend. Sind diese Werte nicht gegeben, versuchen wir sie mit Überlegenheits- und Machtstreben zu sichern.

Rund hundert Jahre später veröffentlicht der international renommierte Management-Experte Jim Collins, basierend auf einer langjährigen Unternehmensanalyse, sieben Schlüsselfaktoren, die für den außergewöhnlichen Aufstieg von Firmen entscheidend sind. Immer wenn Unternehmen die Entwicklung am Markt bei weitem übertreffen, hat Jim Collins ein einheitliches Muster entdeckt: Bei den Geschäftsführern dieser außergewöhnlichen Unternehmen handelt es sich um Menschen mit der höchsten Ausprägung an Führungskompetenz.

Damit sind Menschen gemeint, bei denen sich persönliche Bescheidenheit mit enormer beruflicher Willenskraft verbindet. Jeder Leader ist ehrgeizig und hat ein Ego. Die Untersuchung hat bestätigt, dass Menschen, die ihren persönlichen Egoismus umlenken und auf ein höheres Ziel richten, erwiesenermaßen erfolgreicher sind. Wenn es nicht gut läuft, suchen Chefs mit der höchsten Ausprägung an Führungskompetenz selbstkritisch nach Lösungen, wie sie das Unternehmen zum Erfolg zurückbringen. Läuft hingegen alles erfolgreich, schauen sie aus dem Fenster und suchen draußen, besonders bei den großartigen Mitarbeitenden in ihrem direkten Arbeitsumfeld, nach Gründen für den Erfolg. Wenn es Manager nur um Überlegenheits- und Machtstreben geht, ist der Firmenerfolg meistens nur von kurzer Dauer. So kometenhaft das Unternehmen den Markt übertroffen hat, so rasant beginnt in der Regel die Talfahrt kurze Zeit darauf. Erfolgreiche Menschen hingegen beschäftigen sich mit den Interessen anderer und ordnen sich einem höheren Ziel unter.

14. BESCHEIDENHEIT UND DURCHSETZUNGSVERMÖGEN

Menschen mit persönlicher Bescheidenheit und enormer Willenskraft sind nicht nur im Management, sondern auch in vielen anderen Lebensbereichen zu finden. Führungskompetenz braucht es in der Erziehung, in der Schule, im Sport, in der Politik, in beruflichen und privaten Projekten. Menschen, die nach diesem Muster leben, erkennt man sofort daran, wie sie mit anderen Menschen umgehen, und ganz besonders an ihren nachhaltigen Spitzenleistungen.

In zahlreichen Führungsausbildungen wird den Teilnehmenden folgender Grundsatz beigebracht: «Wie sich Menschen in deiner Gegenwart fühlen, sagt viel über dich aus.» Welche Wertschätzung vermittelst du den Menschen in deinem direkten Umfeld? Welche Vorbilder kennst du, die gleichzeitig demütig und durchsetzungsstark sind?

Auf den ersten Blick erscheinen Bescheidenheit und Durchsetzungsvermögen als gegensätzliche Pole. Unsere Auffassung dieses Wertepaares ist möglicherweise stark geprägt von Menschen, die ihre Position von Macht und Überlegenheit für ihre eigenen Interessen missbraucht haben. Jesus hat diese Haltung wie folgt beschrieben: «Ihr wisst, wie die Großen und Mächtigen dieser Welt ihre Völker unterdrücken. Wer die Macht hat, nutzt sie rücksichtslos aus. Aber so soll es bei euch nicht sein! Im Gegenteil: Wer groß sein will, der soll den anderen dienen, und wer der Erste sein will, der soll sich allen unterordnen. Denn auch der Menschensohn ist nicht gekommen, um sich bedienen zu lassen. Er kam, um zu dienen und sein Leben als Lösegeld hinzugeben, damit viele Menschen aus der Gewalt des Bösen befreit werden» (Markus 10,42-45).

Jesus hat sich und seine Bedürfnisse dem höheren Ziel untergeordnet. Wenn wir in der Bibel über das Wirken von Jesus nachlesen, stellen wir fest, dass sein Wesen von einer tiefen und vorbehaltlosen Liebe für alle Menschen geprägt war. Er zeigte enormes Mitgefühl für die Bedürfnisse der Menschen und heilte ihre Krankheiten und seelischen Wunden, pausenlos bis zur Erschöpfung.

Jesus wird zu oft einseitig charakterisiert als der liebliche und brave Retter. Es gibt zahlreiche Hinweise dafür, dass Jesus auch über ein ausgeprägtes Durchsetzungsvermögen verfügte. Immer wieder hat Jesus die Missstände in der Gesellschaft angeprangert und die damaligen Glaubensführer provoziert. Derart stark, dass die Glaubensführer Angst vor ihm und dem Volk hatten: «Wehe euch, ihr Schriftgelehrten und Pharisäer! Ihr Heuchler! Ihr wascht eure Becher und Schüsseln von außen ab, doch gefüllt sind sie mit dem, was ihr anderen in eurer Gier genommen habt» (Matthäus 23,25). Jesus hat die Führungskompetenz der Glaubensführer heftig kritisiert und gleichzeitig mit seinem dienenden Verhalten ein starkes Vorbild gezeigt.

Mit einer Kurzgeschichte über einen Vermögensverwalter hat Jesus das richtige Verhalten mit Führungsverantwortung illustriert: «Wie verhält sich denn ein kluger und zuverlässiger Verwalter? Angenommen, sein Herr hat ihm die Verantwortung für die übrige Dienerschaft übertragen und ihn beauftragt, jedem rechtzeitig die tägliche Verpflegung auszuteilen. Dieser Verwalter darf sich glücklich schätzen, wenn sein Herr dann zurückkehrt und ihn gewissenhaft bei der Arbeit findet! Ich versichere euch: Einem so zuverlässigen Mann wird er die Verantwortung für seinen ganzen Besitz übertragen» (Lukas 12,42–44).

Jedem Menschen hat Gott eine Führungsverantwortung übertragen, nämlich die Führungsverantwortung für sein eigenes Leben. Was du daraus machst, liegt in deiner Hand.

15

ES IST OK, NICHT OK ZU SEIN

Wie ehrlich bist du zu dir selbst? Kannst du dir eingestehen, dass du gerade eine schwierige Zeit durchlebst? Gehörst du zu den Menschen, die den Schmerz verdrängen und zum Weitergehen tendieren? Es gibt in schwierigen Zeiten verschiedene Phasen, die du durchläufst – aktiv oder passiv.

Manchmal macht es Sinn, den Schmerz zuzulassen und richtig satt zu leiden. Dabei ist es entscheidend, ob du das Problem oder den Schmerz benennen kannst. Weshalb fühlst du dich nicht o.k.? Was ist es? Weshalb muss ich leiden?

Die Fähigkeit, mit Krisen und Rückschlägen umzugehen und sie zum Anlass für die eigene Weiterentwicklung zu nehmen, nennt man «Resilienz». Das Gegenteil davon ist Verwundbarkeit.

Es gibt sieben Faktoren, die einen resilienten Menschen ausmachen:

» Erstens ist es die Fähigkeit, die eigenen Emotionen zu lenken. Menschen mit einer hohen Resilienz ergreifen die richtigen Maßnahmen, damit es ihnen emotional rasch wieder gut geht und sie glücklich sind. Oftmals geht es zuerst darum, den eigenen Ärger zu überwinden.

» Zweitens sind resiliente Menschen sehr diszipliniert und lassen sich kaum ablenken. Sie schaffen es, ihre Impulse auch unter großem Druck zu steuern. Wer eine Arbeit auch unter erschwerten Bedingungen zielorientiert und konzentriert zu Ende bringt, ist widerstandsfähiger.

» Drittens hilft es, seine Situation genauestens zu analysieren und Zusammenhänge zu erkennen. Wer den Auslöser für die negativen Gefühle gefunden hat, schafft es leichter, die wirkungsvollen Maßnahmen zu treffen.

» Viertens schaffen es nur die, ihr Schicksal zu beeinflussen, die daran glauben, es zu können. Sie verfallen nicht in eine Opferhaltung, sondern sind überzeugt, ihre Situation durch ihr eigenes Verhalten zum Besseren zu verändern.

» Fünftens haben Menschen mit einer hohen Resilienz eine ausgeprägte Hoffnung darauf, dass sich die Dinge zum Positiven wenden. Sie schauen trotzdem der Realität ins Auge und reden die Situation nicht einfach schön. Sie wissen, dass Schmerz und Leid zum Leben dazugehören.

» Sechstens schaffen es Menschen mit Empathie, sich in die Gedanken und Gefühlswelt eines anderen Menschen zu versetzen. Diese Fähigkeit, die Perspektive zu wechseln, ist wertvoll im Umgang mit anderen Menschen, und gleichzeitig hilft sie für die Entwicklung von Resilienz.

» Siebtens besitzen widerstandsfähige Menschen klare Ziele und verfolgen diese mit hoher Disziplin. Trotzdem schaffen sie es, die Realisierbarkeit von Zielen einzuschätzen, und lassen sich nicht entmutigen, wenn ein Ziel korrigiert werden muss.

Resilienz ist lernbar. Diese sieben Faktoren kannst du individuell weiterentwickeln. Deine Ausprägung jedes einzelnen Faktors kann unterschiedlich sein, und du entscheidest, an welchem Punkt du dich verbessern möchtest. So schaffst du es, dir eine hohe Fähigkeit im Umgang mit Krisen und Rückschlägen anzueignen. Etwas wird aus dem wachsen, was du durchmachst, und das bist du!

Bist du momentan in einer schwierigen Situation? Wie willst du damit umgehen? Glaubst du, dass du aus den «Zitronen», die das Leben dir reicht, so etwas Gutes wie Limonade machen kannst? Gibt es in deinem Umfeld Menschen, die dir Hoffnung geben, dass alles besser werden kann?

Es ist unbestritten: Keiner fühlt wie du. Und kein anderer Mensch hat auch nur eine Minute in deiner Haut gelebt. Wenn wir mit Schmerz oder Leid kämpfen, sind wir sehr wählerisch im Umgang mit Menschen, die uns ihr Mitgefühl ausdrücken möchten. Wir lassen uns nichts sagen von Menschen, die Leid nicht kennen. Gleichzeitig schauen wir hinauf zu Menschen, die leiden mussten oder großen Schmerz durchlitten haben – und die das mit Würde und innerer Größe tun konnten.

Die Bibel sagt: «Betrachtet es als besonderen Grund zur Freude, wenn euer Glaube immer wieder hart auf die Probe gestellt wird. Ihr wisst doch, dass er durch solche Bewährungsproben fest und unerschütterlich wird. Diese Standhaftigkeit [d. h. Widerstandsfähigkeit, Resilienz] soll in eurem ganzen Leben ihre Wirkung entfalten, damit ihr in jeder Beziehung zu reifen und tadellosen Christen werdet, denen es an nichts mehr fehlt» (Jakobus 1,2–4). Misserfolg, Schmerz und Leiden formen unseren Charakter und unsere individuelle Resilienz. Erfolg hingegen lehrt uns rein gar nichts – er fühlt sich einfach nur gut an.

Erfolgreiche Sportler wären nicht Weltklasse, wenn sie niemals durch Niederlagen hätten hindurchgehen müssen. Zu viele Christen denken, sie dürften nicht zweifeln, dürften nicht traurig sein, dürften nicht leiden und dürften schon gar keine Probleme haben. In der Bibel gibt es mehrere Stellen, an denen die Hauptdarsteller Gott alles hinlegen, vor ihm lamentieren und restlos alles ansprechen: «Herr, wie lange wirst du mich noch vergessen, wie lange hältst du dich vor mir verborgen? Wie lange noch sollen Sorgen mich quälen, wie lange soll der Kummer Tag für Tag an mir nagen? Wie lange noch wird mein Feind über mir stehen? Herr, mein Gott, wende dich mir zu und antworte mir! Lass mich wieder froh werden und neuen Mut gewinnen, sonst bin ich dem Tod geweiht» (Psalm 13,1–4).

Wenn du mehr Resilienz gewinnen möchtest, ist es hilfreich, wenn du das Problem oder den Schmerz benennen kannst. Falls du dich nicht imstande fühlst dazu, hilft dir der Heilige Geist, die Wörter zu formulieren: «Dabei hilft uns der Geist Gottes in all unseren Schwächen und Nöten. Wissen wir doch nicht einmal, wie wir beten sollen, damit es Gott gefällt! Deshalb tritt Gottes Geist für uns ein, er bittet für uns mit einem Seufzen, wie es sich nicht in Worte fassen lässt» (Römer 8,26).

Wenn du eine Veränderung zum aktuellen Zustand möchtest, dann beginnt es damit, dass du aus der Opferrolle herauskommst und aktiv wirst. Jesus hat unmissverständlich gesagt: «Kommt alle her zu mir, die ihr euch abmüht und unter eurer Last leidet! Ich werde euch Ruhe geben» (Matthäus 11,28).

Wir alle kennen auch die schwierigen Zeiten in unserem Leben – unsere Wüstenzeiten.

Die Frage ist nicht unbedingt, warum uns so etwas passiert, sondern wie wir damit umgehen und ob wir in der Lage sind, diese Krisen und Rückschläge zum Anlass für unsere eigene Weiterentwicklung zu nehmen. Wer hilft mir, zu widerstehen und mich durchzukämpfen und mich aufzubauen in dieser Situation? Jesus hat gesagt: «Die Gesunden brauchen keinen Arzt, sondern die Kranken! Ich bin gekommen, um Sünder zur Umkehr zu Gott zu rufen, und nicht solche, die sich sowieso für gut genug halten» (Lukas 5,31–32).

Der Lichtblick auf dem Weg zu einer gestärkten Widerstandskraft ist deine Hoffnung. Suche die Gemeinschaft von Menschen, die dir Hoffnung geben. Und denk immer daran: Die Kirche ist ein Open House für Sünder und nicht ein Klub für perfekte Heilige.

16

DER FLEISSIGE SCHLÄGT DEN TALENTIERTEN

Ein chinesisches Sprichwort besagt, dass der Fleißige stets den Talentierten schlägt. Diese Erkenntnis stimmt vor allem auf lange Sicht. Dem Fleißigen haftet der dauerhafte Erfolg sozusagen an den Füßen.
Wie steht es bei dir aus mit dem Fleiß und der Disziplin? Wer ist stärker, dein Wille oder deine Ausreden?
Viele Menschen in unserer Gesellschaft sind geschwächt durch den Mangel an Konzentrationsfähigkeit, fehlende ungeteilte Aufmerksamkeit, abflachendes Durchhaltevermögen und wenig zielgerichtete Selbststeuerung. Kurz gesagt: Es fehlt vielen Menschen an Selbstdisziplin und Ausdauer. Disziplin ist auf den ersten Blick einfach nur streng, aber Disziplin hilft, Ziele zu erreichen. Disziplin ist der Kampf mit mir selbst; ein Kampf mit einem Gegner, der alle deine Schwächen kennt und sie schonungslos ausnutzt. Disziplin zu bekämpfen ist sinnlos, sich die Disziplin zum Freund zu machen, bringt dich dagegen weiter. Auf dem Weg zur Disziplin solltest du herausfinden, welche Motoren dich antreiben und welche Vermeidungsstrategien du entwickelt hast. Finde heraus, wie du tickst. Stell dich darauf ein, dass Disziplin trainiert werden will.

Disziplin erfordert Willenskraft. Und Willenskraft funktioniert wie ein Muskel, der bei Gebrauch gestärkt wird und bei Überbeanspruchung schlappmacht. Wenn du zum Beispiel zu viele Entscheidungen fällen musst, ermüdet deine Willenskraft.

Disziplin und Freiheit sind keine Gegensätze. Disziplin macht Freiheit erst möglich. Wir benötigen Disziplin, um uns Freiräume zu schaffen. Aber wer über Freiheit verfügt, der trägt auch Verantwortung im Umgang damit. Denn Freiheit ohne Verantwortungsgefühl führt schnell zu Missbrauch. Die erhaltenen Freiräume verpflichten zu Gestaltung. Wenn du deine Freiräume nicht selbst gestaltest, werden sie vom Zufall eingenommen.

Lösen diese Erkenntnisse Rebellion aus bei dir? Vielleicht denkst du jetzt: «Ich bestimme selbst, wem ich verpflichtet bin!» Aber wir sind nicht immer nur uns selbst verpflichtet, außer du hast vor, dich komplett von deinem Umfeld zu isolieren.

Dein Wille ist die Basis für deine Disziplin. Der Wille kontrolliert den Körper. Du tust, was du denkst. Unsere Bilder und Gedanken steuern auf positive und negative Art unsere Überlegungen, unsere

Reaktionen und unsere Handlungen. Mit diesem Bewusstsein erhält die Selbstkontrolle über deine Gedanken, Gefühle, Bedürfnisse, Impulse und Leistungen eine neue Perspektive.

Deine Gedanken werden von deiner Willenskraft gesteuert. Deine Willenskraft funktioniert wie ein Muskel, der gutes und ausgewogenes Training erhält. Damit dein Willensmuskel nicht überbeansprucht wird, ist es ratsam, nicht zu viel zu wollen oder zu viel gleichzeitig zu verändern.

Erzielst du mit deiner Disziplin keine Fortschritte, kannst du deine Willenskraft zusätzlich stimulieren, indem du deine Belohnungen für das Erreichte noch weiter aufschiebst (Gratifikationsaufschub). Aber aufgepasst: Auch Willenskraftmuskeln brauchen Ruhepausen, Entschleunigung, Humor, Gelassenheit und Bewegung.

Kennst du Menschen, die du für ihre Disziplin bewunderst? Was haben sie durch Disziplin erreicht? Haben diese Menschen Freiräume in ihrem Leben, die du nicht hast?

In der Bibel gibt es mehrere Geschichten von blinden Menschen. Keine der Geschichten hat sich genau gleich zugetragen wie die anderen.

Bartimäus aus Jericho konnte sich nicht damit abfinden, dass er blind war. Er hatte von Jesu Wundern gehört und gab die Hoffnung nicht auf, dass dieser ihn heilen könnte. Als er eine große Menschenmenge hörte und erfuhr, dass Jesus vorbeikam, begann er laut zu rufen: «Jesus, du Sohn Davids, hab Erbarmen mit mir!» (Markus 10,47).

Die Leute fuhren Bartimäus richtiggehend an, er solle gefälligst still sein. Doch das weckte in Bartimäus nur noch mehr Willenskraft. Er zeigte Ausdauer und schrie nur noch lauter! Da blieb Jesus stehen und ließ den Blinden zu sich kommen. Wild entschlossen warf Bartimäus seinen Mantel zur Seite, sprang auf und kam zu Jesus. «‹Was soll ich für dich tun?›, fragte ihn Jesus. ‹Rabbi›, flehte ihn der Blinde an, ‹ich möchte sehen können!›. Darauf antwortete Jesus: ‹Geh! Dein Glaube hat dich geheilt.› Im selben Augenblick konnte der Blinde sehen, und er ging mit Jesus» (Markus 10,51-52).

Das Verhalten des Blinden in dieser Geschichte ist ein Paradebeispiel dafür, wie ein Mensch mit Disziplin und Willenskraft den Kampf gegen sich selbst ausfechten kann. Bartimäus hätte unzählige Gründe gehabt, einfach zu resignieren. Doch ein solches Denken ließ er in seinem Leben nicht zu und wurde von Jesus belohnt.

Auch der Apostel Paulus kannte die Schwierigkeiten mit der Disziplin und beschreibt seinen Kampf gegen sich selbst mit treffenden Worten:

«Ich weiß wohl, dass in mir nichts Gutes wohnt. Zwar habe ich durchaus den Wunsch, das Gute zu tun, aber es fehlt mir die Kraft dazu. ... Ich unglückseliger Mensch! Wer wird mich jemals aus dieser tödlichen Gefangenschaft befreien? Gott sei Dank! Durch unseren Herrn Jesus Christus bin ich bereits befreit. So befinde ich mich in einem Zwiespalt: Mit meinem Denken und Sehnen folge ich zwar dem Gesetz Gottes, mit meinen Taten aber dem Gesetz der Sünde» (Römer 7,18-25).

Paulus hat somit beschrieben, dass die Willenskraft allein nicht ausreicht. Wir werden immer wieder versagen. Und wir dürfen Vergebung erfahren - durch Jesus.

Wie bereits erwähnt, ist Disziplin eine Voraussetzung für Freiheit. Wer sich diszipliniert an gegenseitige Abmachungen hält, übernimmt Verantwortung dafür, dass wir Menschen Freiräume zum Leben erhalten. Wir töten uns nicht gegenseitig, wir bestehlen uns nicht, wir respektieren uns. «Maßstab eures Redens und Handelns soll das Gesetz Gottes sein, das euch Freiheit schenkt» (Jakobus 2,12).

Wer über Freiheit verfügt, der trägt auch Verantwortung im Umgang damit. Ein Beispiel: Wer mit einem ultraschnellen Auto unterwegs ist, hätte die Möglichkeit, mit dem Auto locker bis zu 250 km/h schnell zu fahren. Sich mit einem solchen Fahrzeug an das Geschwindigkeitslimit von 120 km/h zu halten, erfordert Disziplin. Gesetze und Regeln einzuhalten benötigt Selbstkontrolle, Willenskraft und Disziplin. Wenn du das schaffst, leben du und dein Umfeld in Freiheit.

Mach dir Disziplin zum Freund! Sie ist kein strenger Oberlehrer, sondern bringt dir viele Vorteile. In kleinen Schritten kannst du deine «Willenskraft-Muskeln» trainieren.

17

BESCHÄFTIGT-SEIN ALS STATUSSYMBOL

Hast du gerne eine Aufgabe? Magst du es, gebraucht zu werden? - Intensiv beschäftigt zu sein, ist in unserer Kultur zum Statussymbol geworden. Wir wählen den schnellsten Weg von einem Ort zum anderen, die Länge unserer To-do-Liste kommuniziert den wahren Status-Level, unsere Verpflegung findet unterwegs oder am Schreibtisch statt.

Moderne Arbeitsmodelle erlauben das arbeitsplatzunabhängige Arbeiten, entweder im Coworking Space, im Home-Office oder einfach von irgendwo sonst.

Unsere digitale Vernetzung stellt sicher, dass wir an mehreren portablen Geräten arbeiten können, sei es am Notebook, am Tablet, am Handy oder an mehreren gleichzeitig. Damit wir auch während unserer Sitzungstermine auf dem Laufenden bleiben, erhalten wir Textnachrichten und Hinweise auf unsere Smartwatches geliefert.

In unserer Freizeit erscheinen neben den privaten selbstverständlich auch die geschäftlichen Nachrichten prominent auf unserem Bildschirm. Die Person, die spät am Abend oder am Wochenende geschäftliche E-Mails versendet, wird nicht bedauert, im Gegenteil, sie verursacht bei allen anderen ein schlechtes Gewissen, da sie aktuell nicht arbeiten.

Immer mehr Menschen haben nicht nur *einen* Job, eine zunehmende Anzahl arbeitet als Freelancer in mehreren Teilzeit-Engagements oder macht gleich mehrere Jobs. Wir vermeiden es, von «Work-Life-Balance» zu sprechen. Die Grenzen verfließen derart ineinander, dass wir «Work-Life-Blending» als Ausdruck bevorzugen.

Sämtliches Wissen der Welt ist mehr oder weniger kostenlos im Internet verfügbar. Immer mehr junge Menschen gehen aufs Gymnasium und wollen mindestens einen Hochschulabschluss. Das flächendeckende Angebot an hochqualifizierten Talenten verunmöglicht es, sich mittels Ausbildung oder Fähigkeiten abzuheben. Gefragt sind heute Reaktionsgeschwindigkeit und persönliche Verfügbarkeit. Aus diesem Grund sind wir ständig auf Empfang, «always, anytime, everywhere». Die unmaximierte Verfügbarkeit von digitaler Vernetzung gibt in unseren Lebensgewohnheiten verstärkt den Takt vor.

Was steckt dahinter? Wir definieren uns immer stärker über das, was wir tun. Die Sinnhaftigkeit unserer Beschäftigung im Job hat an Relevanz zugenommen. Es spielt eine zentrale Rolle, wofür wir arbeiten. Denn das, was wir tun, ersetzt zunehmend das, was wir sind. Wir versuchen krampfhaft, über Leistung möglichst viel Anerkennung zu erhalten und geliebt zu werden. Unser tiefer Wunsch nach bedingungsloser Liebe kann jedoch mit Leistung nicht verdient werden, sonst wäre sie ja nicht mehr bedingungslos.

17. BESCHÄFTIGT-SEIN ALS STATUSSYMBOL

Du kennst sicher das zunehmende Beschäftigt-Sein, das unseren heutigen Alltag bestimmt. Vielleicht spürst du auch den Druck, der dadurch entsteht, immer aktiv sein zu müssen. Dabei ist gar nicht erwiesen, dass Beschäftigt-Sein automatisch eine Wirkung erzielt. Denn mit gezieltem Einsatz auf die richtigen und wichtigen Dinge erreicht man in der Regel mehr Wirkung! Und nach regelmäßigen, qualitativ hochwertigen Erholungsphasen sind wir viel leistungsfähiger als im Einheitsbrei des Work-Life-Blendings.

Gehörst du zu den Personen, die Verantwortung übernehmen? Zu denen, die, ohne aufgefordert zu werden, kräftig mitanpacken? Kennst du die Situation, wenn du bei der Arbeit offensichtlich die einzige Person bist, die Verantwortung übernimmt, während alle anderen beim Lachen oder Spielen sind?

Genau für die leistungsorientierten Menschen erzählt die Bibel von Marta, die Jesus zu sich nach Hause eingeladen hatte: «Maria, ihre Schwester, setzte sich zu Füßen von Jesus hin und hörte ihm aufmerksam zu. Marta aber war unentwegt mit der Bewirtung ihrer Gäste beschäftigt. Schließlich kam sie zu Jesus und fragte: ‹Herr, siehst du nicht, dass meine Schwester mir die ganze Arbeit überlässt? Sag ihr doch, dass sie mir helfen soll!› Doch der Herr antwortete ihr: ‹Marta, Marta, du bist um so vieles besorgt und machst dir so viel Mühe. Nur eines aber ist wirklich wichtig und gut! Maria hat sich für dieses eine entschieden, und das kann ihr niemand mehr nehmen.›» (Lukas 10,39–42)

Für welche der beiden Schwestern hast du beim Lesen Position ergriffen? Jesus ist es gelungen, gegenüber Marta Wertschätzung für ihre Leistung zu äußern. Daraufhin stellt er klar, dass für ihn nicht die Leistungsorientierung, sondern die Beziehung zwischen ihm und uns Menschen zählt. Vorbehaltlose Liebe können wir mit Leistung nicht verdienen.

Wenn wir glauben, dass Gott uns geschaffen hat, dann wissen wir auch: Gott hat uns zuerst geliebt, und er sucht die Beziehung zu uns. Wir genügen, wenn

wir seine Liebe annehmen, und nicht, weil wir uns die Gerechtigkeit verdienen: «Ich freue mich über den Herrn und juble laut über meinen Gott! Denn er hat mir seine Rettung und Hilfe geschenkt. Er hat mich mit Gerechtigkeit bekleidet wie mit einem schützenden Mantel» (Jesaja 61,10).

Um vor ihm gerecht zu sein, brauchen wir Vergebung. Vergebung ist Gnade. Und Gnade kommt von außen. Gnade können wir uns nicht verdienen. Deshalb stellt sich in deinem Glaubensleben die Frage: Tue ich Dinge, damit Gott mich lieben wird, oder tue ich die Dinge, weil Gott mich liebt? Eine spannende Denkfigur! Spätestens jetzt müsste es in der Seele der Leistungsorientierten unter meinen Leserinnen und Lesern rebellieren!

Stellst du dir womöglich die Frage, ob es überhaupt nichts zählt, zu arbeiten und zu den Besten zu gehören in der Schule oder im Job? Doch, es zählt sehr wohl, dass du zuverlässig, gewissenhaft, vertrauenswürdig, empathisch, vorbildlich und noch viel mehr bist. Die Frage stellt sich viel eher, welchen Stellenwert du deiner Leistungsbereitschaft gibst. Leiste ich, um anderen Menschen zu gefallen und um meinem Selbstwertanspruch zu genügen? Bleibe ich auch in hektischen Zeiten beziehungsorientiert, oder verurteile ich Menschen in meinem Umfeld für ihre aus meiner Sicht mangelnde Bereitschaft, Verantwortung zu übernehmen? Die wohl größte Verführung der Neuzeit ist unser Beschäftigt-Sein bzw. unser Beschäftigt-Sein-Wollen.

Wenn wir die Menschen in unserem Umfeld oder uns selbst vernachlässigen oder gar schlecht behandeln, wird das mittel- und langfristig negative Auswirkungen haben. Auch für unser Glaubensleben ist das totale Rundum-beschäftigt-Sein zu oft die Ursache, die unseren Beziehungsstecker zu Jesus zieht. Es gibt Wege, um in der Gegenwart von Jesus zu sein, sogar während wir arbeiten.

Gottes vorbehaltlose Liebe müssen wir uns nicht mit Leistung verdienen. Schwimme gegen den Strom der heutigen überbeschäftigten Zeit und rebelliere bewusst dagegen, indem du regelmäßig Pausen einlegst und aus der Ruhe heraus entscheidest, wofür es sich lohnt, gezielt Energie zu investieren.

18

ATEMLOS DURCHS LEBEN?

Kleine Kinder lieben Rituale. Vor dem Zubettgehen eine Geschichte hören oder nach dem gesunden Früchte-Snack noch etwas Süßes naschen. Wie sieht das bei den Erwachsenen aus? Welches sind die Dinge, die du regelmäßig ganz genau gleich machst? Menschen mögen Gewohnheiten. Sie helfen uns, den Alltag zu strukturieren. Wenn wir neue Situationen erleben oder neuen Menschen begegnen, suchen wir bei ihnen nach einheitlichen Mustern, die uns dabei helfen sollen, mit ihnen umzugehen.

Diese Vorliebe zu Gewohnheiten und zu einheitlichen Mustern hat zwei entscheidende Nachteile. Erstens sind Gewohnheiten unsere Komfortzone, und diese können wir nur mit gezieltem Energieaufwand verlassen. Und zweitens führt die Kategorisierung nach Mustern sehr schnell zu Vorurteilen. Wir tun uns schwer damit, einmal gefällte Urteile wieder zu revidieren.

Wenn du den Käfig der Routine verlassen willst, ist ein Ortswechsel schon einmal hilfreich. Es ist offensichtlich, dass ein Ortswechsel den Blick auf eine Sache oder eine Situation sofort verändert. Besonders Berggänger schwärmen davon, wie ihre Probleme und Sorgen vom Berggipfel aus gesehen so klein erscheinen.

In den meisten Fällen ist mit einem Ortswechsel auch ein Gewohnheitswechsel verbunden. Wer immer denselben Bus zur Arbeit nimmt und im Bus auf demselben Platz sitzt, trifft bestimmt immer wieder dieselben Menschen an. Das muss nicht so sein: Nimm doch im Bus woanders Platz, oder steige eine Station früher aus und laufe die letzten paar Meter zu Fuß. Oder fahre doch bei strahlendem Wetter mit dem Fahrrad zur Arbeit. Mit vergleichbar kleinem Aufwand ist eine Veränderung der Gewohnheiten möglich, und du erlebst plötzlich neue Dinge. Uns tut es gut, Neues zu entdecken, wir werten das als Erfolg.

Nicht zuletzt ist auch eine Veränderung der Geschwindigkeit enorm wichtig. Vielleicht brauchen ein paar Leute etwas Antrieb, um aus der Bequemlichkeit auszubrechen. Die meisten Menschen in unserer Gesellschaft leiden jedoch unter der horrenden Geschwindigkeit, mit der sie durchs Leben gehen. Wenn wir unser Tempo nicht drosseln, kann es sein, dass wir vermeintlich interessante Begegnungen links und rechts auf unserm Weg verpassen. – Kann es sein, dass wir genau deshalb versuchen, unser schlechtes Gewissen mit Social-Media-Kontakten zu beruhigen?

18. ATEMLOS DURCHS LEBEN?

Die größte Herausforderung der Menschheit ist wohl die Zeiteinteilung. Mit den Errungenschaften der Technik (Waschmaschine, Computer, selbstfahrende Autos usw.) haben wir enorm viel Zeit gewonnen, die wir nicht für uns nutzen, sondern in unsere Produktivität investieren. In unserem Dilemma lesen wir Bücher und absolvieren wir Kurse, wie wir unser Zeitmanagement in den Griff bekommen.

Hast du gewusst, dass die meisten Entscheide für den Wechsel der Arbeitsstelle während einer Ausbildung oder während des Urlaubs getroffen werden? Urlaub und Ausbildung sind Lebensereignisse, die uns zu einem Ortswechsel, einem Gewohnheitswechsel und einem Tempowechsel verhelfen. Und genau diese Elemente geben die notwendigen Impulse für einen Perspektivenwechsel.

Magst du deine Gewohnheiten, oder fühlst du dich manchmal gefangen im Käfig der Routine? Könntest du dir vorstellen, etwas zu verändern? Einen Ortswechsel vorzunehmen oder einen Tempowechsel?

Jesus hat mehr Wunder vollbracht, als in der Bibel festgehalten wurden (Johannes 20,30). Viele erstaunte Menschen haben ihn dabei genauestens beobachtet. Sie waren überrascht und konnten seine Allmacht kaum fassen.

Was Jesus tat, war außergewöhnlich. Er sprengte jegliche Gewohnheiten. Ungewohnt war außerdem, dass Jesus nicht nur die körperlichen Leiden heilte, sondern er sprach den Menschen immer wieder die Vergebung ihrer Sünden zu. Damit waren die Religionsführer ganz schön überfordert. Ein solcher Perspektivenwechsel gelang ihnen damals nicht. Die Schriftgelehrten und Pharisäer forderten Jesus heraus, er solle vor ihren Augen ein Wunder vollbringen, damit sie glauben können, dass er von Gott gesandt ist. Was sie sahen, konnten sie keinem gängigen Muster zuordnen.

Könnte es sein, dass Jesus, bei der Art, wie er geheilt hat, absichtlich für Unterschiede sorgte?

» Einem Blinden legte er die Hände auf, einem anderen strich er einen Brei aus Speichel und Erde auf die Augen, einen dritten heilte er, ohne ihn zu berühren.

- » Eine ganze Gruppe aussätziger Menschen wurde erst geheilt, als sie sich auf den Weg machte, um sich dem Priester zu zeigen.
- » Eine Frau mit chronischen Blutungen wurde einfach nur geheilt, nachdem sie sein Kleid berührt hatte.
- » Der Knecht eines römischen Befehlshabers wurde ferngeheilt, weil der Römer glaubte, dass Jesus nur ein Wort sprechen müsse, damit das Wunder geschieht.

Jesus wollte nicht, dass die Menschen das Wunder einem wiederkehrenden Ritual zuschreiben, sondern Gott die Ehre dafür geben.

Das einzige erkennbare Muster, welches bei Jesus zu finden ist, ist das Gebet. Um ausgiebig beten zu können, ist ein Tempowechsel von Vorteil. Regelmäßig hat sich Jesus aus dem Gedränge der vielen Menschen, die ihn hören und sehen wollten, zurückgezogen. Mehrfach verbrachte Jesus die Nächte auf einem Berg oder gar vierzig Tage und Nächte am Stück in der Wüste. Mit derartigen Ortswechseln, Tempowechseln und Gewohnheitswechseln gelang ihm jeweils der Perspektivenwechsel.

Hast du dich schon einmal gefragt, warum Gott einen freien Tag in der Woche eingeführt hat - den Sabbat? Vielleicht könnten wir mehr bewirken, wenn wir sieben Tage die Woche arbeiteten? Warum ruhte Gott also am siebten Tag? Ganz bestimmt nicht, weil er eine Pause brauchte.

Der Sabbat erinnert uns daran, dass nicht wir das Universum zusammenhalten. Gott tut es. «‹Hört auf!›, ruft er, ‹und erkennt, dass ich Gott bin!›» (Psalm 46,11)

Wenn wir nur noch damit beschäftigt sind, unsere Aufgabenlisten abzuarbeiten, bleibt uns keine Zeit für einen wohltuenden Perspektivenwechsel. Das Wort Sabbat bedeutet «ausruhen, zu Atem kommen».

Welche Veränderungen sind in deinem Leben nötig, um Gott mehr Spielraum zu geben? Gibt es Dinge, die du aufgeben musst? Wo solltest du runterschalten?

An dem freien Tag in der Woche, am Sabbat, können wir loslassen und Gott wirken lassen. Gott meint es so gut mit uns. Er will, dass unser Leben nicht zur unaufhörlichen Routine und zum atemlos-hektischen Hamsterrad wird.

19

RESIGNATIV ZUFRIEDEN?

Dauerhafte Veränderungen erfordern einen enormen Kraftaufwand.

Jeder von uns hat schon mal erlebt, dass ein guter Vorsatz ins Leere läuft und die gewünschte Veränderung auf der Strecke bleibt. Wenn du es versuchst und wieder versuchst und trotzdem nie dein Ziel erreichst, bleiben Resignation und Enttäuschung zurück.

Ebenso frustrierend ist der kurzfristige Wandel, der nur ein kurzzeitiges Erfolgsgefühl auslöst, bevor du wieder zurück auf «Start» katapultiert wirst. Menschen, die Erfahrungen mit Diäten haben, kennen dieses Auf und Ab beim Gewicht als «Jo-Jo-Effekt». Das wirklich Frustrierende daran ist, dass die negativen Erfahrungen mit den gescheiterten Versuchen aus der Vergangenheit als eine zusätzliche Last auf dir liegen.

Du kannst dauerhafte Veränderungen erzielen. Dafür gibt es ein paar Schritte, die du sofort in die Praxis umsetzen solltest. Der erste Schritt zur dauerhaften Veränderung beginnt in deinem Kopf. Ändere deine Erwartungen an dich selbst. Schreibe auf, was du nicht mehr akzeptierst, welches Verhalten du von dir nicht mehr duldest. Zusätzlich schreibst du auf, wie der Zustand sein wird, wenn du dein Ziel erreicht hast. Damit schaffst du ein Bild in deiner Erinnerung vom Idealzustand, welches du dir am besten immer wieder vor Augen führst.

Wenn du überdurchschnittlich viel erreichen willst, ist es ratsam, höhere Ansprüche an dich selbst zu stellen. Höhere Ansprüche an sich selbst stellen und realistische Ziele setzen – das widerspricht sich nicht. Damit ist gemeint, dass du groß denken sollst und dass du dich darauf einstellst, schrittweise noch mehr erreichen zu wollen. Weshalb? Am Ende leicht übers anvisierte Ziel hinauszuschießen, bringt auch dann großartige Resultate, falls schlussendlich weniger eintrifft, als du dir im besten Fall gewünscht hast.

Falls du höhere Ansprüche an dich selbst hast und von vornherein nicht an die Realisierbarkeit glaubst, dann zerstörst du deine Erfolgschancen, noch bevor du gestartet bist. Deshalb ist es im zweiten Schritt wichtig, einengende Glaubensmuster abzulegen. Glaubensmuster sind das Fundament deines Selbstbewusstseins, das für dich bestimmt, was du für möglich oder für unmöglich hältst. Unsere Gedanken und Empfindungen werden entscheidend durch unsere Glaubensmuster geprägt. Entscheidend deshalb, weil du ein Gefühl der absoluten Sicherheit entwickeln musst, dass du den neuen, höheren Ansprüchen genügst, bevor du ins Handeln kommst.

19. RESIGNATIV ZUFRIEDEN?

Wenn deine bisherigen Bemühungen gescheitert sind, eine dauerhafte Veränderung zu bewirken, dann solltest du in einem dritten Schritt deine Strategien neu justieren. Du kannst deine Strategien selbst entwickeln oder dich von erfolgreichen Menschen inspirieren lassen. Wir finden Vorbilder in den unterschiedlichsten Bereichen unseres Lebens. Durch diese Impulse von geeigneten Vorbildern steigerst du deine Leistung und sparst eine Menge Zeit.

Nicht immer passen die Methoden deiner Vorbilder auf deine Situation, doch du kannst sie anpassen, umstrukturieren oder weiterentwickeln. Viele Leute wissen, wie sie handeln müssen, aber nur wenige handeln entsprechend. Wissen allein reicht nicht aus. Du musst Taten folgen lassen.

Was würdest du gerne an dir verändern? Handelt es sich um etwas in der Schule, bei der Arbeit, in Beziehungen, bei den täglichen Aufgaben oder bei deinen Angewohnheiten?

Jedes Verhalten ist durch eine Überzeugung motiviert, und jede Handlung wird durch eine innere Einstellung bewirkt. Die einzige Person, die dich verändern kann, bist du selbst. Das stimmt auch dann, wenn du glaubst oder hoffst, dass Gott dir mit seiner übernatürlichen Macht dabei hilft. Auch dann braucht es deine Bereitschaft, dich von ihm verändern zu lassen.

Sich verändern lassen? Das ist in unserer selbstbestimmten Gesellschaft kein beliebter Gedanke. Nur vermeintlich schwache Menschen lassen sich von anderen verändern. Die Persönlichkeitsentwicklung sagt: «Du kannst alles, was du willst. Just do it.» Das hört sich anstrengend an. Wenn alles nur von deiner Willenskraft abhängt, wird alles wieder so, wie es vorher war, sobald du den Druck auf dich selbst verminderst.

Willenskraft kann kurzfristige Veränderungen bewirken, gleichzeitig aber auch konstanten inneren Stress erzeugen, wenn wir nicht an die Ursachen gelangen, die wir gerne verändern möchten. Die gewünschte Veränderung fühlt sich nach mehreren gescheiterten Versuchen nicht mehr normal an. Sie bedarf noch größerer Willenskraft und Anstrengung. Über kurz oder lang geben wir auf – wir brechen die Diät ab, greifen nach dem Suchtmittel, kommen wieder zu spät oder reagieren mit aufbrausendem Zorn.

Du musst nicht alles selbst können. Es gibt einen besseren Weg: Verändere deine Denkweise, oder wie es die Bibel sagt: Sei bereit für die Veränderung. «Passt euch nicht den Maßstäben dieser Welt an, sondern lasst euch von Gott verändern, damit euer ganzes Denken neu ausgerichtet wird» (Römer 12,2). Der Apostel Paulus weiß: Unser Denken bestimmt unser Fühlen, und unsere Gefühle beeinflussen unser Handeln. Deshalb schreibt er an die Christen in Rom: «Lasst euch in eurem Denken verändern und euch innerlich ganz neu ausrichten» (Epheser 4,23).

In der Bibel finden wir sehr viele Vorbilder, bei denen wir das optimale Verhalten für die gewünschte Veränderung abgucken können. Das größte Vorbild ist Jesus selbst. Seine Ratschläge können wir uns zu Herzen nehmen. Zum Beispiel, wenn er von einer geistigen Veränderung namens «Buße» spricht. Wir kennen Buße als «Schuld bekennen», im Griechischen bedeutet es jedoch wörtlich, «die Gedanken und die Richtung verändern». Buße heißt also: anders denken. Wir müssen unsere Vorstellung von Gott verändern, unsere Einstellung zu uns selbst, zur Sünde, zu anderen Menschen, zum Leben, zur Zukunft – und dann Jesu Perspektive und Vorstellung vom Leben übernehmen, indem wir ihm nachfolgen.

Vorbildern nachfolgen heißt: täglich lernen. Denke niemals, dass du schon längst alles weißt. «Ein kluger Mensch will gerne dazulernen, darum hält er stets die Ohren offen» (Sprüche 18,15).

Bleibe bescheiden, dann wirst du überrascht sein, von wem du alles lernen kannst – von Schulkollegen, von Mitarbeitern, von Freunden, von Konkurrenten, von Feinden und sogar von Kindern.

20

KREATIVER UNGEHORSAM

Machst du dir hin und wieder Gedanken darüber, was andere über dich denken könnten? Wie oft hast du etwas nicht getan, weil die Möglichkeit bestand, dass sich andere darüber kritisch äußern? Bis zu den Olympischen Spielen 1968 in Mexiko-Stadt überquerten die Hochspringer die Latte im Wälzsprung («Straddle») oder Scherensprung. Diese Techniken galt als die Regel. Bis Dick Fosbury kam. Keine der bisherigen Sprungtechniken passte zu seiner Zwei-Meter-Körpergröße. Er experimentierte mit einer um 180° gedrehten Sprungtechnik. Sein Coach hielt nichts von dieser ungewöhnlichen Vorgehensweise. Fosbury ließ sich nicht beirren. Er gewann in Mexiko die Goldmedaille und stellte einen neuen olympischen Rekord im Hochsprung auf. Heute springen alle Hochspringer mit seiner Technik: dem «Fosbury Flop», bei dem der Athlet die Latte rückwärts überquert.

Kennst du Situationen in deinem Leben, bei denen du rückblickend bereust, es damals nicht getan, nicht versucht zu haben? Wenn dein Traum oder Vorhaben die Menschen in deinem Umfeld nicht gänzlich aus der Bahn werfen wird, dann probiere es einfach aus und rechtfertige dich später. Wenn du jemanden suchst, der dich bremsen oder dich zurückhalten könnte, dann wirst du bestimmt jemanden finden.

Die meisten Menschen neigen dazu, aus einem emotionalen Impuls heraus Dinge abzulehnen, die sie im Nachhinein ohne Schwierigkeiten akzeptieren können. Genau deshalb kritisieren wir regelmäßig Menschen, die den Mut haben, etwas zu tun, anstelle die zu kritisieren, die nur zuschauen oder gar vom Seitenrand her gute Ratschläge aufs Spielfeld rufen. Wenn der im schlimmsten Fall mögliche Schaden überschaubar und irgendwie wiedergutzumachen ist, dann ist es am einfachsten, wenn du anderen gar nicht die Gelegenheit gibst, Nein zu sagen. Viele Menschen sind schnell bereit, dich zu bremsen, bevor du überhaupt angefangen hast. Genau diese Menschen zögern jedoch, sich dir in den Weg zu stellen, wenn du bereits unterwegs bist.

Weniger wagemutige Menschen probieren schon im Voraus, sich für alle erdenklichen Ereignisse abzusichern. Am Ende starten sie dann doch nicht, weil es schlichtweg unmöglich ist, in allen Dingen eine einhundertprozentige Sicherheit zu erhalten. Veränderung ist für viele unangenehm. Es erfordert am meisten Energie, etwas erst mal in Bewegung zu setzen. Die Trägheit zu überwinden, benötigt einen enormen Kraftaufwand.

Der englische Schriftsteller Herbert George Wells brachte eine provokative Erkenntnis zu Papier: «Den Fortschritt verdanken wir den Nörglern. Zufriedene Menschen wünschen keine Veränderung.» Übe dich in kreativem Ungehorsam und entschuldige dich bereitwillig, wenn tatsächlich etwas schiefgelaufen ist.

Hast du manchmal neue Ideen oder würdest gern etwas verändern - hast aber Angst, andere könnten darüber negativ urteilen? Bereust du, dass du dich in der Vergangenheit schon einmal von der Meinung von anderen hast ausbremsen lassen?

Jesus wusste ganz genau, dass er das religiöse Establishment der damaligen Zeit empören würde. Er hätte den Gelähmten an jedem anderen Tag der Woche heilen können, aber er entschied sich für ein Wunder am Sabbat (Johannes 5,1-18). Nur kurze Zeit danach haben seine Jünger - es war bereits wieder Sabbat - am Rande eines Getreidefeldes Ähren abgerissen und die Körner gegessen (Lukas 6,1-4). Jesus war ein Wiederholungstäter, denn etwas später hat er wieder an einem Sabbat bei einer Frau einen bösen Dämon ausgetrieben (Lukas 13,10-14). Jesus stieß die Pharisäer mit großer Absicht und wiederholt vor den Kopf.

Wenn wir in unserem Leben Jesu Spuren folgen, dann werden wir unterwegs ein paar Pharisäer der Neuzeit verärgern. Es wird sogar Situationen geben, in denen wir etwas tun, was wir sonst unterlassen. Aber Achtung, das ist jetzt kein Freiticket dafür, einfach alle Gesetze zu ignorieren. Es ist vielmehr die Erlaubnis, gegen menschengemachte Regeln zu verstoßen, die Gott keine Ehre machen.

Über viele Jahrhunderte hinweg stellten die Pharisäer eine umfangreiche Liste mit religiösen Geboten und Verboten zusammen (Mitzwot). Ganze 39 dieser Verbote beinhalteten Verhaltensregeln für den Sabbat. Nummer 321 zum Beispiel setzte die maximale Gehdistanz von gut 900 Metern fest. Dieses Maß galt jedoch erst 62 Meter außerhalb der Stadtmauern. Konkret bedeutete dies, dass sich niemand weiter als 962 Meter von den Stadtbegrenzungen entfernen durfte.

Als Jesus dem Gelähmten sagte: «Nimm deine Matte und geh!», hüpfte, rannte und sprang dieser wie wild umher. Für die Pharisäer waren auch nicht die Schritte des geheilten Mannes das Ärgernis, denn er befand sich immer noch innerhalb der Stadtmauern. Es war die Tatsache, dass er die Matte mit sich herumtrug, was am Sabbat ebenfalls verboten war.

Es ist ein sehr großer Unterschied, ob ich Jesus folge oder zwanghafte Regeln einhalte, die sämtliche menschlichen Freiräume verunmöglichen. Wer Jesus folgt, wird niemals Gottes Gesetz brechen wollen, aber möglicherweise Vorschriften, die Menschen gemacht haben. Und damit werden wir ein paar Pharisäer der Neuzeit verärgern. Die Pharisäer zu der Zeit von Jesus haben vor lauter Paragrafen den Durchblick verloren. Sie wollten Jesus töten, weil er ihr Monopol der selbstgemachten Gesetze in Frage stellte. Sie waren für das Wunder blind, das direkt vor ihren Augen geschah, weil sie nicht über ihre Traditionen und selbstgezimmerten Regelwerke hinwegsehen konnten.

Pharisäer der Neuzeit gibt es immer noch in allen Ausprägungen: Sie geben Anleitungen in Sachen Kleiderordnung, Musikstil, Verhaltensregeln, Ausrichtung der Möbel, Mondphasen- und Sonnenstand-Abhängigkeit und vielem mehr. Genau solche von außen oder von innen auferlegten Gesetzmäßigkeiten, Traditionsmuster und kulturellen oder religiösen Scheuklappen sind es, die uns davon abhalten, Wunder wahrzunehmen.

Um Wunder zu erleben, muss man manchmal die einengenden Regeln und die «ungeschriebenen Gesetze» gewisser Menschen brechen.

21

AUSDAUER HOLT DIE KRAFT AUS DEN GEDANKEN

Ausdauer ist nichts, was man von Natur aus besitzt; man muss sie sich antrainieren. Die ständige Arbeit an der eigenen Ausdauer ist eine Lebensaufgabe. Wobei «Aufgabe» das falsche Wort ist, denn «Aufgeben» ist bei der Ausdauer keine Option.

In unterschiedlichen Bereichen des Lebens benötigen wir Ausdauer. Die Ausdauer vereint die Schönheit und das Biest in einem. Wie bei dem Thema «Disziplin» kämpfen wir bei der Ausdauer gegen uns selbst, gegen unsere mangelnde Leistungsbereitschaft.

Neue Hilfsmittel wie Schrittzähler und Sport-Apps stimulieren den Leistungsgedanken auf spielerische Art und Weise. Über den Spieltrieb (Stichwort: «Gamification») wird die Ausdauer positiv aufgeladen, und der Kampf gegen sich selbst wird mit virtuellen Awards sowie Lob und Anerkennung belohnt. Die Positivität ist der Schlüssel im Umgang mit der Ausdauer. Aus dem Sport lernen wir, dass neben einer soliden Trainingsbasis entscheidend ist, ob wir uns vom berühmten «inneren Schweinehund» schwachreden lassen oder Krisen meistern und so ins Ziel gelangen.

Wenn sich zwei Athleten mit ähnlichen körperlichen Voraussetzungen in einem Rennen befinden, wird jener als Erster das Ziel erreichen, der sich mental schon vorher mit allen Facetten seiner Leistungsmöglichkeiten auseinandergesetzt hat und dessen Kopf über den Körper herrscht.

Unser Bewusstsein reagiert auf negative Gedanken mit Selbstzweifel und Leistungsminderung. Gedanken oder Sätze wie «Bloß nicht langsamer werden!» oder «Ich kann nicht mehr!» sollten wir vermeiden. Stattdessen lohnt es sich, die jeweils eigenen, sehr individuellen positiven Schlüsselsätze auszufeilen, die uns Selbstvertrauen, Aktivierung oder technische Gedankenstützen liefern. «Locker und leicht bleiben!», «Regelmäßig ein- und ausatmen!», «Ich bin heute gut drauf!» und so weiter.

Manchmal weisen negative Gedanken auf Zweifel bezüglich Vorbereitung, Training und Planung hin.

Ein sinnvoller Umgang mit negativen Gedanken ist, sie zu kanalisieren, zu bekämpfen sowie mit positiven Wahrheiten zu entkräften. Ziellos ausdauernd sein zu wollen, ist einfach nur hart. Nicht alle Rückschläge im Leben lassen sich vermeiden. Aber wenn du dir unrealistische Ziele setzt, wirst du die Zahl deiner Rückschläge erhöhen.

Setze dir erreichbare Ziele und erhöhe die Erwartungen an dich selbst schrittweise. Bau dir ausschließlich positiven Druck auf und programmiere dich auf positive Gedanken (zum Beispiel: «Ich will mit einem Lachen gewinnen»). Plane und denke voraus, setze dir Zwischenziele, feiere das Erreichte und erlaube dir Belohnungen für deine Erfolge.

Innere Bilder haben enorme Kraft.

Das Erinnern oder Sich-Vorstellen von Düften, Geräuschen, Musik, Bewegungen, Erlebnissen und weiteren Assoziationen kann uns gedanklich in eine völlig neue Situation versetzen. Welchen Film spiele ich im Kopfkino ab, wenn Schmerzen oder negative Gedanken kommen? Mit welcher im Innern gehörten Musik helle ich meine Laune auf? Die Rezepte für das Training unserer Ausdauer sind im Sport hochentwickelt. Was für den Sport gilt, ist auch für alle andere Bereiche im Leben zutreffend.

Wie ausdauernd bist du? Welche höheren Ziele verfolgst du in deinem Leben? Worauf gründest du deine Hoffnung? Hast du dabei eine Belohnung vor Augen?

Auch in der Bibel sind Sportvergleiche äußerst beliebt, wenn es um die Ausdauer geht: «Dabei ist mir klar, dass ich dies alles noch lange nicht erreicht habe und ich noch nicht am Ziel bin. Doch ich setze alles daran, es zu ergreifen, weil ich von Jesus Christus ergriffen bin. Wie gesagt, meine lieben Brüder und Schwestern, ich weiß genau: Noch bin ich nicht am Ziel angekommen. Aber eins steht fest: Ich will vergessen, was hinter mir liegt, und schaue nur noch auf das Ziel vor mir. Mit aller Kraft laufe ich darauf zu, um den Siegespreis zu gewinnen, das Leben in Gottes Herrlichkeit. [...] Wir alle, die wir auf dem Weg zum Ziel sind, wollen uns so verhalten. [...] Doch an dem, was ihr schon erreicht habt, wollen wir auf jeden Fall festhalten. Bleibt nicht auf halbem Wege stehen!» (Philipper 3,12-16).

Damit hat der Apostel Paulus hervorragend die Wichtigkeit der Positivität, des übergeordneten Ziels und des Feierns von erreichten Zwischenzielen als Voraussetzungen für Ausdauer zusammengefasst. Nur ein Kapitel später ergänzt Paulus das Ausdauer-Erfolgsrezept mit dem Fokus auf die positiven Gedanken: «Orientiert euch an dem, was wahrhaftig, vorbildlich und gerecht, was redlich und liebenswert ist und einen guten Ruf hat. Beschäftigt euch mit den Dingen, die auch bei euren Mitmenschen als Tugend gelten und Lob verdienen» (Philipper 4,8).

Negative Ereignisse und Gedanken sind Teil unseres Lebens. Wie wir damit umgehen, macht den entscheidenden Unterschied. Folgendes Verhaltensmuster kennst du sicherlich aus dem Sport: Dein Kampf gegen deinen «inneren Schweinhund» lässt dich leiden, doch nach dem Training bist du stolz auf deine Leistungsbereitschaft. Niemand leidet gerne, und trotzdem können wir dem Leidensprozess etwas Positives abgewinnen: «Wir danken Gott auch für die Leiden, die wir wegen unseres Glaubens auf uns nehmen müssen. Denn Leid macht geduldig, Geduld aber vertieft und festigt unseren Glauben, und das wiederum stärkt unsere Hoffnung» (Römer 5,3–4).

Wenn wir den negativen Gedanken in unserem Kopf Raum geben, lassen wir das Risiko für einen Start einer Negativspirale zu. Sobald du dauerhaft negativ denkst, erscheint alles um dich herum ebenfalls nur noch negativ. Das nennt man selektive Wahrnehmung.

Ohne ein übergeordnetes Ziel fällt es uns schwer, zum Leiden ein Ja zu finden. Obwohl Christen die Gewissheit haben, dass der Glaube an Jesus Christus genügt, um das ewige Leben zu erlangen, ist der verbissene Leistungsgedanke weit verbreitet. Selbstverständlich sollen Christen mit Ausdauer und Gewissenhaftigkeit ein Leben führen, das Gott Ehre macht. Das ewige Leben können wir aber nicht durch unsere Leistungsbereitschaft selbst erarbeiten. Ausdauer und Leistung haben nicht dieselbe Bedeutung. Gott sagt dazu: «Meine Gnade ist alles, was du brauchst! Denn gerade wenn du schwach bist, wirkt meine Kraft ganz besonders an dir» (2. Korinther 12,9).

Die Gewissheit, nicht leisten zu müssen, um zu genügen – sie kann uns die Lockerheit verleihen, mit vorbehaltloser Liebe ausdauernd durchs Leben zu gehen.

22

ENTSCHEIDUNGS-MUSKELN TRAINIEREN

Es gibt viele Dinge, die wir trainieren können. Unsere Muskeln, unser Gehirn, unseren Gesundheitszustand, unsere Disziplin. Wie ist es denn mit unseren Entscheidungen: Lassen sich diese ebenfalls trainieren?

Bessere Entscheidungen fällt man, indem man häufiger Entscheidungen trifft. Was hemmt uns, Entscheidungen zu treffen? Angst vor Veränderung? Mangel an Optionen? Ungewissheit über die Konsequenzen?

Jede Entscheidung hat Konsequenzen – positive oder negative. Jegliche Art des Handelns führt uns zu unterschiedlichen Resultaten. Unser Handeln baut auf den Ergebnissen der Vergangenheit auf und lässt uns im nächsten folgenden Schritt in eine bestimmte Richtung vorstoßen. Mit unseren Entscheidungen erhalten wir die Möglichkeit, diese Richtung selbst zu bestimmen.

Wenn wir nicht entscheiden, überlassen wir die Gestaltung unserer Zukunft dem Zufall oder anderen Menschen. Wenn wir unser Leben selbst in die Hand nehmen wollen, müssen wir unsere wiederkehrenden Handlungsweisen kontrollieren. Und das geschieht über Entscheidungen. Alles, was in deinem Leben geschieht – Positives oder Negatives –, hat mit einer Entscheidung begonnen. In den Lebenssituationen, in denen du Entscheidungen triffst, gestaltest du dein Schicksal mit.

Erinnerst du dich, in den letzten Jahren Freundschaften geschlossen zu haben, die dein Leben beeinflusst haben? Hast du einen Beschluss bezüglich deiner beruflichen Laufbahn gefasst? Hast du beschlossen, mehr Sport zu treiben oder gesünder zu essen? Es ist eine Tatsache, dass es Menschen gibt, die von Geburt an gewisse Vorzüge im Leben besitzen. Doch gerade in der westlichen Welt mit einer meist höheren Chancengleichheit als in Entwicklungsländern sind es nicht die Lebensumstände, sondern unsere Entscheidungen, die unser Schicksal bestimmen. Wenn wir selbstbestimmt entscheiden können, gestalten wir unser Leben eigenständig. Zusammengefasst sind es drei Entscheidungen, die letztlich über unser Schicksal bestimmen:

» Worauf du dich konzentrieren willst.
» Welche Bedeutung du den Dingen beimisst.
» Was du tun willst, um die gewünschten Ergebnisse zu erzielen.

Diese drei Entscheidungen legen fest, was du wahrnimmst, was du fühlst, wie du handelst, welchen Beitrag du zum Gemeinwohl leistest und welche Entwicklungen du als Mensch durchläufst. Wir müssen also nicht tatenlos zusehen, wie unsere Prägung aus der Vergangenheit unsere

Gegenwart und Zukunft bestimmt. Wir beeinflussen den Verlauf unseres Lebens selbstbestimmt mit unseren eigenen Entscheidungen.

Hast du das Gefühl, dein Leben aktiv zu gestalten, indem du Entscheidungen fällst? Oder bist du eher passiv und lässt das meiste auf dich zukommen? Wünschst du dir manchmal, jemand würde dir deine Entscheidungen abnehmen?

Viele Menschen sind latent unzufrieden mit ihrer Lebenssituation. Statt etwas daran zu ändern, schwimmen sie im Selbstmitleid, suchen die Ursache bei den Lebensumständen oder bauen Feindbilder auf gegenüber anderen Menschen.

«Diese Leute sind ständig unzufrieden und beklagen voller Selbstmitleid ihr Schicksal. Sie lassen sich von ihren Begierden antreiben, schwingen einerseits große Reden und kriechen andererseits vor den Leuten, wenn sie nur irgendeinen Vorteil davon haben» (Judas 1,16).

Gott hat uns Menschen einen freien Willen gegeben, damit wir ihn für kluge Entscheidungen gebrauchen. Wir können uns entscheiden, worauf wir uns konzentrieren wollen: «Nun müsst ihr euch entscheiden: Wählt zwischen Segen und Fluch!» (5. Mose 11,26). Wir können somit die Richtung, welche unser Leben nehmen soll, selbst mitbeeinflussen. Jesus hat gesagt, dass wir immer in die Richtung steuern, die uns wichtig ist: «Wo nämlich euer Schatz ist, da wird auch euer Herz sein» (Matthäus 6,21). Es spielt auch in der Bibel eine Rolle, welche Bedeutung wir den Dingen beimessen. Wir können unseren eigenen Plan und unsere eigenen Ideen wählen, oder wir fragen nach dem Willen Gottes und seinem Plan für unser Leben. «Der Mensch plant seinen Weg, aber der Herr lenkt seine Schritte» (Sprüche 16,9).

Unsere eigenen Pläne sind nicht von Grund auf nur schlecht, aber sie sind von unterschiedlicher Qualität. Oftmals stellen wir fest, dass unsere Pläne zuerst unsere eigenen Interessen befriedigen und weniger das Gemeinwohl miteinbeziehen. Gottes Plan für diese Welt und für uns steht fest: «Alles auf der Welt ist seit langer Zeit vorherbestimmt, und auch das Schicksal jedes Menschen steht schon vor seiner Geburt fest. Mit dem, der mächtiger ist als er, kann er nicht darüber streiten» (Prediger 6,10).

Möglicherweise deckst du jetzt einen Widerspruch zwischen Gottes Vorbestimmung und unserem freien Willen auf. Wenn wir an Gottes Allmacht glauben, dann dürfen wir ihm zutrauen, dass er uns den freien Willen gegeben hat, damit wir Verantwortung für unser Leben übernehmen. Er hätte uns problemlos als Klone aus der Kultserie «Star Wars» schaffen können. Doch Gott weiß, dass es nichts Schöneres gibt, als aus freiem Willen und vorbehaltlos zu lieben und geliebt zu werden. Gott hat uns mit dem freien Willen einen sehr großen Spielraum für freie Entscheidungen gegeben und dabei riskiert, dass es Menschen geben wird, die nichts von ihm wissen wollen.

Für alle anderen, die ihr Schicksal in Gottes Hände legen, ist es befreiend zu wissen, dass wir nicht allein sind auf unserem Lebensweg. Gott hat den perfekten Plan für dein Leben. Er mag es, dir zu helfen. «Deine Gerechtigkeit ist unerschütterlich wie die mächtigen Berge, deine Entscheidungen sind unermesslich wie das tiefe Meer. Mensch und Tier erfahren deine Hilfe, Herr!» (Psalm 36,7). Anleitung für unser Leben und die Anweisungen für den Umgang mit anderen Menschen schenkt er uns als Erkenntnis aus der Bibel.

Regelmäßig in Gottes Wort Rat zu suchen und mutig Entscheidungen zu treffen, trainiert unsere Entscheidungs-Muskeln.

!

23

GEFÜHLE ALS GESCHENK BETRACHTEN

Kennst du Menschen, die krampfhaft darum bemüht sind, immer das Richtige zu tun? Menschen, die ihr Leben zu einer Wissenschaft gemacht haben? Alles muss seine Ordnung haben. Der Tagesablauf ist minutiös durchstrukturiert. Auf die Minute genau wird gegessen, geduscht, mit der Arbeit gestartet, Kaffee konsumiert, Feierabend gemacht, TV geschaut, zu Bett gegangen. Solche Menschen würden ihr Leben und ihre Beziehungen zu anderen Menschen niemals als «flammende Leidenschaft» bezeichnen. Aber sie sind gut eingespielt, obwohl sich in letzter Zeit vieles wie ein Alltagstrott anzufühlen scheint.

Möglicherweise kennst du solche Menschen in deinem direkten Umfeld. Es sind Menschen, die durch ihren Lebensstil nie die Tiefen äußerster Niedergeschlagenheit oder Verzweiflung erlitten, aber auch nie die Höhen der Leidenschaft und des Glücksgefühls erlebt haben. Solche Menschen laufen irgendwann Gefahr, emotional zu verkümmern, weil sie nicht erkennen, wie sie ihr Herz zum Schlagen bringen können. – Woher kommt diese Ausprägung? Wie ist es möglich, so zu verkümmern?

In unserem Körper herrscht ein Wettbewerb der Gefühle. Wie wir damit umgehen, entscheidet über unser künftiges Gefühlsleben. Gefühlsstarre Verhaltensweisen schleichen sich nur langsam und schrittweise ein. Ursache davon ist, wenn wir die großen Gefühle immerzu vermeiden oder unsere Gefühle sogar ganz generell verleugnen.

Es ist ratsam, wenn du Gefühle, die du in diesem Augenblick verspürst, als ein Geschenk, als eine Leitlinie, als einen Aufruf zum Handeln erkennst. Mit Gefühlen umgehen heißt nicht, sie zu unterdrücken oder sie aufzublähen. Denn in den meisten Fällen sind wir selbst die Urheber und die Verstärker unserer Gefühle. Ich kann zum Beispiel bestimmen, ob ich mich über etwas aufrege oder nicht. Das Handlungsbedarfs-Signal verletzter Gefühle sagt dir möglicherweise, dass du deinen Kommunikationsstil ändern solltest. Niedergeschlagenheit ist ein Aufruf, der dir sagt, dass du möglicherweise deine Wahrnehmung ändern solltest.

Selbstreflexion ist wertvoll im Umgang mit deinen Gefühlen. Folgende Schritte helfen dir, ausgewogener mit deinen Gefühlen umzugehen:

1. Gefühle ergründen: Woher kommen sie?
2. Gefühle akzeptieren: Sie helfen mir!
3. Neugierig darauf sein, was das Gefühl sagen will: Konstruktiv oder destruktiv?

4. Gefühl mit Selbstvertrauen bewältigen: Ich bin nicht mein Gefühl!
5. Gefühl auch in Zukunft bewältigen: Wie erziele ich die gewünschte Wirkung?
6. Handeln: Erkenntnis ⟶ Umsetzen!

Deine Gefühle kannst du in Kategorien einteilen. Es gibt Gefühle, die Signale sind für Handlungsbedarf. Dazu zählen: Unbehagen, Angst, Gekränktheit, Wut, Frust, Enttäuschung, Schuld, Minderwertigkeit, Überforderung, Einsamkeit. Als Gegenmittel dafür stehen uns eine ganze Menge Emotionen zur Verfügung, die Kraft geben: Liebe, Wärme, Achtung, Dankbarkeit, Neugierde, Faszination, Leidenschaft, Entschlossenheit, Beharrlichkeit, Flexibilität, Selbstvertrauen, Fröhlichkeit, Vitalität, Gemeinsinn. Welche Gefühle suchst du?

Was ist deine Reaktion auf Gefühle? Magst du sie, förderst du sie? Unterdrückst du sie und empfindest sie als Störfaktor? Oder fühlst du dich deinen Gefühlen eher ausgeliefert und wirst regelrecht von ihnen «überflutet»?

Emotionen gehören zu unserem menschlichen Wesen. Gott hat uns mit Gefühlen erschaffen. Wir lieben positive Gefühle wie Liebe, Freude, Hoffnung und Glück. Nicht so gerne mögen wir negative Gefühle wie Wut, Zorn, Trauer, Frust, Neid, Aggression, Angst oder Ohnmacht. Sie wollen uns runterziehen. Wenn wir unsere Emotionen ungebremst rauslassen, schaden wir uns selbst und anderen. «Werde nicht schnell zornig, denn nur ein Dummkopf braust leicht auf» (Prediger 7,9). Negative Emotionen sind wie ein inneres Frühwarnsystem. Es bringt nichts, diese Gefühle zu verdrängen oder zu ignorieren. Wir können sicher sein, dass sie sich immer wieder auf hartnäckige Art und Weise in unserem Leben zurückmelden.

Gott möchte, dass wir lernen, mit unseren Emotionen gut umzugehen. Möchtest auch du mit deinen Emotionen in eine stärkere Ausgeglichenheit gelangen? Ich stelle dir gerne ein paar Schritte vor, die dir dabei helfen, in eine gute Balance zu kommen:

Ehrlich mit dir selbst zu werden, ist ein guter Anfang. «Der Herr gab dem Menschen den Verstand, um seine innersten Gedanken und Gefühle zu durchleuchten» (Sprüche 20,27).

Wenn du merkst, dass deine Emotionen in dir zu brodeln beginnen, dann verschaffe dir einen Moment der Beruhigung, des Durchatmens. Höre in dich hinein, identifiziere und benenne deine Gefühle. Überlege einen Moment, was du mit deinen Emotionen machen willst. Sprich mit Gott darüber und bitte ihn, seine Sicht aufzuzeigen.

In einem nächsten Schritt geht es darum, dich an die Wahrheit zu halten. Baue dein Leben nicht auf Gefühlen auf, sondern überwältige Gefühle mit Wahrheiten, die der Heilige Geist dir vermittelt: «Dagegen bringt der Geist Gottes in unserem Leben nur Gutes hervor: Liebe, Freude und Frieden; Geduld, Freundlichkeit und Güte; Treue, Nachsicht und Selbstbeherrschung» (Galater 5,22-23).

Achte außerdem auf deine Gesundheit. Die emotionale und die körperliche Gesundheit hängen direkt zusammen. Wer übermüdet und gestresst ist, wer Hunger hat oder übersättigt ist, wird auch emotional nicht ausgeglichen sein. Ernähre dich gesund, trink ausreichend Wasser, bewege dich und schlafe genug. Das hilft gleichzeitig deiner emotionalen Stabilität.

Im letzten Schritt geht es darum, aus den Emotionen zu lernen. Manchmal benutzt Gott unsere Gefühle, um uns etwas beizubringen. Frage Gott, was er dir sagen möchte. Was möchte er uns durch seinen Heiligen Geist aufdecken?

Gottes Stimme zu hören und zu verstehen, bedingt gutes Zuhören und Vertrautheit. Allzu viele Emotionen könnten dem im Weg stehen. Achte deshalb auch bewusst auf die «leise Stimme» Gottes, indem du mit Besonnenheit und Vernunft auf deine Gefühle reagierst.

24

UNSERE ANTRIEBSKRAFT: SCHMERZ UND FREUDE

Stelle dir zwei Personen vor, die siebzig Jahre alt werden. Für beide hat das Geburtstagsereignis eine andere Bedeutung. Die eine Person tut sich enorm schwer. Der Körper ist vom langen Leben gezeichnet, das Gehör und die Sehschärfe sind inzwischen stark beeinträchtigt. Die inneren Organe machen nicht mehr richtig mit. Das Leben neigt sich wohl dem Ende zu.

Für die andere Person spielt das Alter keine Rolle. Ihre Einstellung lautet: «Man ist immer so alt, wie man sich fühlt. Es gibt noch so vieles zu erleben, wenn man die Überzeugung hat, dass man noch zu allem befähigt ist, was man sich zutraut und erträumt, und seine Ansprüche an sich selbst stets hochhält.»

Beide Personen sind gleich alt, und trotzdem haben die Ereignisse des Lebens eine unterschiedliche Prägung hinterlassen. Jedoch sind es nicht die Prägungen, die den Unterschied machen, sondern die Bedeutung, die wir ihnen beimessen. Bei den meisten Menschen ist der Treibstoff für die Antriebskraft Schmerz oder Freude. Diese beiden Elemente «Schmerz und Freude» sind sich verändernde, unstete, vorübergehende Gefühlsmomente.

Wichtig fürs Verständnis: Unsere Antriebskraft ist nicht der Schmerz selbst, sondern vielmehr unsere Angst vor Geschehnissen, die schmerzhaft sein können. Ebenso ist es auch nicht die tatsächliche Freude, die uns motiviert, sondern unsere Überzeugung - das sichere Gefühl -, dass eine bestimmte Verhaltensweise positive Folgen haben wird. Was uns treibt, ist nicht die Realität, sondern die Art, wie wir die Realität wahrnehmen. Das bedeutet, dass wir auch aus schmerzhaften Erfahrungen die Kraft für unsere nächsten Entwicklungsschritte schöpfen können, wenn wir das wollen. Nicht die Ereignisse in unserem Leben prägen unsere Persönlichkeit, sondern unsere Überzeugungen und die Interpretation dieser Ereignisse.

Ein Phänomen unserer Gesellschaft ist unsere Tendenz zum Generalisieren und Verallgemeinern. Äußerungen wie «Nie hörst du mir zu!» oder «Immer willst du Recht haben!» sind negative Gefühlsverstärker, die unsere Interpretation der Ereignisse überbewerten. Dasselbe Muster kann auch in die vermeintlich positive Richtung übertrieben werden: «Du bist in allem der Beste», «Alle lieben dich». Das Ende dieser Skala ist dann die Überheblichkeit. Die Überbewertung unserer Erlebnisse führt in aller Regel zu Fehlinterpretationen und Missverständnissen.

Die Bedeutung, die wir unseren Erfahrungen beimessen, gründet auf unseren tiefverankerten Glaubensprinzipien. Sie wirken sich nicht nur auf unsere Gefühle und Aktionen aus. Sie können auch unseren Körper unmittelbar verändern. Um den Antrieb aus einem Schmerzgefühl zu finden, ist zum Beispiel eine medikamentöse Behandlung nicht immer erforderlich, wohl aber immer der Glaube an die Genesung. Die Neurowissenschaft hat inzwischen sogar belegt, dass unser Glaube imstande ist, die Wirkung von Medikamenten außer Kraft zu setzen. Freude ist unsere körpereigene Klinik. Der amerikanische Wissenschaftsjournalist Norman Cousins hat mit seiner eigenen Leidensgeschichte die Forschung in der Psychoneuroimmunologie entscheidend vorangebracht, indem er allein durch intensives und herzhaftes Lachen aus einer seltenen Krankheit herausgefunden hat. Freude und Lachen können heilen.

Wie oft sind (das Vermeiden von) Schmerz oder (das Herbeiführen von) Freude für dich Antriebskraft? Was sind deine ganz eigenen typischen Reaktionen auf Schmerz beziehungsweise auf Freude?

Unsere unterschiedlichen Gefühlsmomente sind Bestandteil des Lebens. Schmerz und Freude gehören einfach dazu. Allein diese Erkenntnis sollte uns eine Menge Gelassenheit geben. Wir dürfen offen zu unseren Gefühlen stehen. Wer keine Gefühle empfinden oder zum Ausdruck bringen kann, ist entweder zu bedauern oder wirkt kalkulierend und manipulierend. Die Bibel klagt allzu «gefühlsneutrale» Menschen an: «Ich kenne dich genau und weiß alles, was du tust. Du bist weder kalt noch heiß. Ach, wärst du doch das eine oder das andere! Aber du bist lau, und deshalb werde ich dich ausspucken» (Offenbarung 3,15–16).

Wer für seinen Glauben an Gott einsteht, wird früher oder später mit der Frage konfrontiert, weshalb Gott das viele Leid in dieser Welt zulässt. Oftmals stellen sich auch gestandene Christen immer wieder selbst diese Frage. Die Bibel kennt diese Fragestellung schon lange und zeigt den Ausweg auf: «Zwar bleiben auch dem, der sich zu Gott hält, Schmerz und Leid nicht erspart; doch aus allem befreit ihn der Herr!» (Psalm 34,20). Die Bibel geht sogar sehr selbstbewusst mit dem Rezept zur Rückkehr Richtung Freude um: «Leidet jemand unter euch? Dann soll er beten! Hat einer Grund zur Freude? Dann soll er Gott Loblieder singen» (Jakobus 5,13).

Nicht nur wir Menschen haben Gefühle - Gott hat sie auch; Gefühle, die er uns Menschen gegenüber äußert. Falsche Erwartungen führen dazu, dass Gott für allen Schmerz in der Welt verantwortlich gemacht wird. Doch er ist gnädig und will das Beste für uns Menschen: «Mir macht es doch keine Freude, wenn ein Gottloser sterben muss. Darauf gebe ich, Gott, der Herr, mein Wort. Kehrt um von euren falschen Wegen, dann werdet ihr leben!» (Hesekiel 18,32).

Schmerz und Freude wird es immer geben in dieser Welt. Die Frage ist auch hier, wie wir mit diesen vorübergehenden Gefühlsmomenten umgehen. Sehen wir unsere Probleme als Chancen? Gerne wiederhole ich mich an dieser Stelle: Etwas kann mit Bestimmtheit wachsen bei all dem, was du durchmachst - und das bist du! Die Bibel gibt dir dabei eine klare Zusage, dass du auch in deiner persönlichen Entwicklung nicht allein bist: «Du zeigst mir den Weg, der zum Leben führt. Du beschenkst mich mit Freude, denn du bist bei mir» (Apostelgeschichte 2,28).

Je älter wir werden, desto mehr Erfahrungen tragen wir in unserem persönlichen «Rucksack» mit uns herum. Die Bedeutung, die wir unseren Erfahrungen beimessen, hat Einfluss darauf, mit welchen Glaubensmustern wir Gott begegnen. Limitieren wir uns selbst darin, indem wir Gott zu wenig zutrauen? «Ich sage euch die Wahrheit: Wer an mich glaubt, wird die gleichen Taten vollbringen wie ich - ja sogar noch größere; denn ich gehe zum Vater. Worum ihr dann in meinem Namen bitten werdet, das werde ich tun, damit durch den Sohn die Herrlichkeit des Vaters sichtbar wird. Was ihr mich also in meinem Namen bitten werdet, das werde ich tun» (Johannes 14,12-14).

Wenn unser Glaube an die Genesung bereits Wunder bewirken kann, wie sehr kann Gott in uns und durch uns große Wunder tun, wenn wir ihn nicht in unsere kleine Glaubensbox reinzupressen versuchen!

25

WENN ERFAHRUNGEN DEIN LEBEN BEGRÜNDEN

Der amerikanische Forscher und Buchautor Dr. Martin Seligman erlangte Berühmtheit auf dem Gebiet der Positiven Psychologie. In seinem Buch «Learned Optimism» (deutscher Titel: «Pessimisten küsst man nicht») stellt Seligman die Hypothese auf, dass alle von uns etwas haben, was er den «Erklärungsstil» nennt, mit dem wir unsere Erfahrungen des Lebens begründen. In seinen Worten ist der Erklärungsstil eine Gewohnheit, mit der man sich selbst erklärt, warum Dinge passieren.

Nehmen wir einmal an, du sitzt zu Hause und wartest auf einen Freund, mit dem du dich um Punkt 19 Uhr treffen wolltest. Aber nach dreißig Minuten ist er immer noch nicht aufgetaucht. Irgendwann formulierst du dir eine Erklärung, warum dein Freund nicht da ist:

Du könntest denken: «Er hat mich versetzt.» Dann würdest du bald schlecht gelaunt sein. Du könntest auch folgenden Schluss ziehen: «Dieser Freund findet mich ganz bestimmt nicht sympathisch.» Dann würdest du traurig werden. Du könntest vermuten: «Er hatte einen Unfall.» Dann würdest du dir Sorgen machen. Du könntest zu dir sagen: «Er arbeitet länger, damit er mehr Geld verdienen kann.» Dann würdest du vermutlich dankbar werden. Du könntest mutmaßen: «Der Freund trifft sich mit einem anderen Kumpel.» Dann würdest du eifersüchtig werden. Oder du könntest die Erkenntnis gewinnen: «Das ist ein sehr guter Grund, um die Beziehung mit diesem sowieso schon immer etwas mühsamen Freund abzubrechen». Dann wärst du erleichtert.

Wahnsinn! Für diese eine Situation gibt es so viele verschiedene Erklärungen. Und während wir unsere Erfahrungen nicht kontrollieren können, ist das bei unseren Erklärungen schon möglich. Lassen wir zu, dass negative Erfahrungen unsere Erklärungen bestimmen? Magst du es, bereits im Voraus anzunehmen, dass es schiefgehen könnte? Nein! Du bestimmst, ob du solche Gedanken zulassen willst! Zu oft nehmen wir Probleme, die wir in unserem Alltag antreffen, viel zu persönlich.

25. WENN ERFAHRUNGEN DEIN LEBEN BEGRÜNDEN

Es ist richtig, ein Problem ernst zu nehmen, aber identifiziere dich nicht zu stark mit dem einen oder andern Dilemma. Du bist nicht das Problem, das du lösen willst. Deine Identität definiert sich nicht über die Lebensumstände, in denen du dich befindest. Mit einer positiven Einstellung wirst du einfacher und schneller Erfolg haben. Deshalb wähle jeden Morgen neu, mit welcher Einstellung du durch den Tag gehen willst. Nimm den Erfolgsweg. Dein Tag geht in ziemlich exakt die Richtung, in welche deine Mundwinkel zeigen!

Welche deiner Erfahrungen haben dein Leben am stärksten und nachhaltigsten geprägt? Ohne welche Erfahrungen wäre dein Leben heute besser oder schlechter?

Alle Fragen der Menschheit führen uns immer wieder zum Ringen um das «Warum?». Wenn wir keine direkten oder glaubwürdigen Erklärungen geliefert bekommen, formulieren wir unsere eigenen Erklärungen. Dabei kommen wir nicht um Annahmen herum, die durch unseren Erfahrungsfilter hindurchgepresst wurden. Du kannst dir sicherlich vorstellen, welches Resultat herauskommt, wenn wir die Prägung unserer Erklärungen durch unsere negativen Erfahrungen bestimmen lassen.

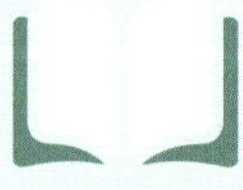

Die Bibel legt uns ans Herz, uns ausschließlich auf die positiven Erfahrungen zu fokussieren: «Ich will den Herrn loben und nie vergessen, wie viel Gutes er mir getan hat» (Psalm 103,2). Es ist mit Gewissheit eine herausfordernde Aufgabe, sich immerzu auf das Positive zu fokussieren. Offen gesagt ist es sogar ein ständiger Kampf im Leben. Das Gute und das Positive kennen wir, und wir sehnen uns danach. Und trotzdem stolpern wir immer wieder über Momente, in denen es uns nicht gelingt, das Gute zu sehen oder zu tun.

Paulus schreibt an die Christen in Rom von seinen Kämpfen: «Ich will eigentlich Gutes tun und tue doch das Schlechte; ich verabscheue das Böse, aber ich tue es dennoch. Wenn ich also immer wieder gegen meine Absicht handle, dann ist klar: Nicht ich selbst bin es, der über mich bestimmt, sondern die in mir wohnende Sünde. Ich mache also ständig dieselbe Erfahrung: Das Gute will ich tun, aber ich tue unausweichlich das Böse» (Römer 7,19-21). Es ist unmöglich, keine Fehler zu machen, und für jeden Menschen gehört das lebenslange Unvermögen, negativen Erfahrungen auszuweichen, zum Alltagsgeschehen.

Die Frage bleibt, warum wir Fehler und negative Erfahrungen im Leben machen müssen. Fakt ist: Wir sind Sünder, und aus eigener Kraft können wir keine Erlösung aus diesem Unvermögen finden. Und ja, wir werden in unserem Alltag immer wieder Probleme antreffen, die uns das Leben schwer machen wollen. Paulus hat im Umgang mit seinen negativen Erfahrungen eine befreiende Gewissheit erhalten: «Gott sei Dank! Durch unseren Herrn Jesus Christus bin ich bereits befreit» (Römer 7,25). Jesus möchte nicht, dass wir unser Leben auf die negativen Erfahrungen und all die Probleme gründen. Er möchte uns Freiheit schenken: «Ladet alle eure Sorgen bei Gott ab, denn er sorgt für euch» (1. Petrus 5,7). Diese Zusage gilt übrigens jeden Tag neu. Somit haben wir allen Grund, mit einer positiven Einstellung durchs Leben zu gehen.

Du selbst kannst wählen, welche deiner Erfahrungen dein Leben prägen sollen. Wählst du die negativen oder die positiven? – Baue deinen «Erklärungsstil» nicht nur auf deinen eigenen Erfahrungen auf, nimm das Wort Gottes mit in dein Gedanken-Panorama hinein.

26

WER FRAGT, DER FÜHRT

Wenn unser Gehirn nachdenkt, ist das nichts anderes als der Prozess von Frage und Antwort. Denken ist somit ein Suchauftrag, wie wir ihn von einer Internet-Suchmaschine kennen. Lernen ist ebenfalls derselbe Prozess von Frage und Antwort. Kinder können mit ihren vielen Fragen ganz schön herausfordernd sein. Warum? Weshalb? Wieso? Ihr Wissensdurst scheint unersättlich. Doch das ist genau die Art und Weise, wie wir lernen. Als Kinder machen wir die größten Lern- und Entwicklungsschritte unseres ganzen Lebens. Faszinierend ist zudem, wie Kinder in der Lage sind, Dinge von einer anderen Perspektive aus zu betrachten und originelle Fragen zu formulieren. Wer in seinem Leben selbst schon mit Kindern unterwegs sein durfte, weiß, wie bereichernd so eine zusätzliche Perspektive sein kann.

Mit zunehmendem Alter hören wir auf, Fragen zu stellen. Unsere Bewertungen oder gar unsere Urteile haben den Platz der Fragen eingenommen.

Doch wenn wir uns finale Urteile gebildet haben und dann aufhören, Fragen zu stellen, verschließen wir uns dem Wandel der Zeit. Wenn wir glauben, alles zu wissen, übersehen wir, dass sich das Wissen der Welt in immer kürzeren Abständen verdoppelt. Was wir vor zehn Jahren gelernt haben, ist heute mit höchster Wahrscheinlichkeit überholt. Unsere damals gefassten Urteile sind heute möglicherweise nur noch Vorurteile.

Wer aufgehört hat, Fragen zu stellen, gebraucht Aussagen wie: «Man sollte ...», «Man müsste mal ...», «Wir sollten wieder einmal ... ».

Die zielführende Alternative dazu sind die Fragen nach dem «Wer macht was, wie, wann, weshalb?»!

Wir sollten nie aufhören, Fragen zu stellen. Erfolgreiche Menschen stellen bessere Fragen und erhalten infolgedessen auch bessere Antworten. Hochkarätige Fragen schaffen eine hochkarätige Lebensqualität. Wer die menschlichen Grenzen in Frage stellt, reißt Mauern ein und verschiebt seine Limits im Leben.

Wie ändert man den Blickwinkel bei sich oder bei anderen Menschen am schnellsten? Indem man einfach neue und konstruktive Fragen stellt! Eine konstruktive Frage lautet nicht: «Warum passiert das immer mir?», sondern: «Wie mache ich das Beste daraus?» Über Fragen schaffen wir es auch, unangenehme Themen anzusprechen, ohne das Gegenüber gleich zu verurteilen. Über konstruktive Fragen holen wir uns immer alle Perspektiven sämtlicher Beteiligten rein. Damit fragen wir alternative Blickwinkel ab, die gleichzeitig Gefühle modifizieren können.

26. WER FRAGT, DER FÜHRT

Gibt es Fragen, die dir unter den Fingernägeln brennen? Welche Fragen würdest du zum Beispiel Gott gerne in einem Gespräch unter vier Augen stellen? Wie viel Interesse signalisierst du deinem Umfeld durch Fragen?

Kinder wollen alles ganz genau wissen und hören nicht auf, Fragen zu stellen. Manchmal gehen sie uns mit ihrer Fragerei derart auf den Nerv, dass wir sie am liebsten wegschicken möchten. Einigen Eltern, die ihre Kinder zu Jesus brachten, damit er ihnen die Hände auflegte, ist dies ebenso ergangen. Die Jünger fuhren sie an, doch Jesus hinderte sie daran, sie wegzuweisen. Jesus äußerte sich empört: «Lasst die Kinder zu mir kommen und haltet sie nicht zurück, denn Menschen wie ihnen gehört Gottes Reich» (Markus 10,14). Damit hat Jesus die Kinder mit ihrer vorbehaltlosen Liebe und ihrem tiefen Vertrauen als besonders wertvolle Geschöpfe in unserer Gesellschaft positioniert.

Ist uns bewusst, dass Jesus ebenso gemeint hat, dass die Kinder mit ihren unzähligen Fragen zu ihm kommen dürfen? Ganz gewiss hat er damit auch die großen Kinder Gottes gemeint, die übrigens auch erwachsen sein dürfen: «Gottes Geist selbst gibt uns die innere Gewissheit, dass wir Gottes Kinder sind» (Römer 8,16). Somit müssen auch wir mit unseren zahlreichen Fragen ihm gegenüber nicht zurückhalten.

Die Fragetechnik ist eine besondere Fähigkeit. Jesus war ein Meister darin, mit Gegenfragen die Menschen zu verblüffen. Durch seine Gegenfrage-Technik hat er die Menschen dazu gebracht, selbst nachdenken zu müssen, und hat dadurch bei seinem Gegenüber eine offene Geisteshaltung bewirkt. Immer wieder versuchten die damaligen Führer des Volkes, die Pharisäer und Sadduzäer, Jesus mit ihren Fragen herauszufordern. «Die Pharisäer fragten ihn: ‹Erlaubt das Gesetz Gottes, am Sabbat zu heilen?› Sie suchten damit einen Vorwand, um

Anklage gegen ihn zu erheben. Jesus antwortete: ‹Angenommen, jemand von euch besitzt ein Schaf, und das fällt am Sabbat in eine Grube. Wird er es nicht sofort herausholen? Und ein Mensch ist doch viel mehr wert als ein Schaf! Also ist es erlaubt, am Sabbat Gutes zu tun›» (Matthäus 12,10–12). Die Schriftgelehrten hatten sich in aller Öffentlichkeit blamiert und keine Antwort mehr gewusst.

Bei einem anderen Mal, als sie Jesus wieder eine Falle stellen wollten, fragten sie ihn scheinheilig: «‹Ist es eigentlich Gottes Wille, dass wir dem römischen Kaiser Steuern zahlen, oder nicht?› Jesus durchschaute ihre Hinterhältigkeit. ‹Ihr Heuchler!›, rief er. ‹Warum wollt ihr mir eine Falle stellen? Zeigt mir eines der Geldstücke, mit denen ihr die Steuern bezahlt!› Sie gaben ihm eine römische Münze. Er fragte sie: ‹Wessen Bild und Name sind hier eingeprägt?› Sie antworteten: ‹Die des Kaisers.› Da sagte Jesus zu ihnen: ‹Nun, dann gebt dem Kaiser, was ihm zusteht, und gebt Gott, was ihm gehört!› Diese Antwort überraschte sie. Sie ließen Jesus in Ruhe und gingen weg» (Matthäus 22,17–22).

Jesus hat uns mit seinem selbstbewussten Auftreten eindrücklich gezeigt, dass wir mit der richtigen Fragetechnik jedes Gespräch entscheidend führen. Wer fragt, der führt.

Mit Fragen holst du dein Gegenüber ab, du zeigst ihm oder ihr, dass dir seine oder ihre Meinung wichtig ist. Außerdem regst du zum Mitdenken an und trägst damit entschieden dazu bei, dass Lösungen gefunden werden können.

!

27

DIE VERANTWORTUNG DES STÄRKEREN

Stärke wird missbraucht, wenn sie dafür eingesetzt wird, andere zu dominieren. Gewaltfrei zu kommunizieren, respektvoll zu verhandeln und empathisch zu führen sind erstrebenswerte Stärken. Eine Stärke ist, wenn wir etwas besonders gut können. Es ist eine Tätigkeit, die wir beständig und beinahe perfekt leisten können. Stärken müssen wir individuell aus unseren Talenten entwickeln.

Hat der Stärkere einfach nur mehr Talent? Ein Talent ist weder gut noch schlecht. Es ist zunächst nichts anderes als ein durch synaptische Verbindungen entstandenes Muster, das in unserem Gehirn vorhanden ist. Es kommt darauf an, was wir mit diesem Talent anfangen. Wir können unser Talent ignorieren, oder wir können unser Talent zu einer Stärke kultivieren. Es genügt somit nicht, einfach nur ein Talent zu haben. Ein Talent kann nur dann zu einer persönlichen Stärke werden, wenn es mit Wissen und Können angereichert wird und wenn wir es wirklich wollen. Die Erfolgsformel für die Entwicklung deiner persönlichen Stärke lautet:

Stärke = Talent + Wissen + Können + Wollen!

Um deine echte Stärke aufzubauen, musst du also zuerst deine Talente erkennen. Danach solltest du dein Talent mit Wissen vertiefen. Daraufhin musst du dein Talent trainieren und zu deinem Können verfeinern. Da nichts von sich aus geschieht – und schon gar nicht, ohne dass du es willst –, musst du die nötige Motivation dazu aufbringen.

Viele Menschen verkaufen sich unter ihrem Wert, weil sie ihr Talent für unbedeutend halten. Richtig ist, dass jedes Talent Wert hat. Jeder von uns hat die Voraussetzungen in sich, ein starkes Leben zu führen. Doch viele arrangieren sich mit ihrer aktuellen Situation. Das, was sie tun, entspricht eindeutig nicht ihren Talenten und Stärken. Deshalb können viele nicht so leben, wie sie gerne würden. Menschen, die sich mit dem falschen Platz in ihrem Leben abgefunden haben, leben im Mittelmaß. Eine Person werden zu wollen, die man gar nicht ist, kostet enorm viel Kraft. Deshalb resignieren so viele und drehen im Hamsterrad des Alltags. Sie führen kein erfülltes Leben.

27. DIE VERANTWORTUNG DES STÄRKEREN

Wenn du dauerhaft glücklich und erfolgreich sein willst, musst du dich sehr gut kennen lernen. Dazu gehört, dass du deine Talente und Stärken identifizierst. Denn dort, wo du schon gut bist, kannst du dich mit vergleichsweise wenig Aufwand noch stark verbessern. Die meisten Menschen haben ein unvollständiges und beeinflusstes Bild von sich selbst. Deshalb ist es wertvoll, eine Fremdeinschätzung vom direkten Umfeld zu erhalten. Je stärker du aufgrund der Arbeit an deiner eigenen Persönlichkeit wirst, desto mehr kannst du auch den Menschen in deinem Umfeld helfen, stärker zu werden.

Wie sieht es bei dir aus? Hast du die Gelegenheit, jeden Tag das zu tun, was du am besten kannst? Kannst du deine Stärken leben und deine Wirkung entfalten?

Wer sich stärker fühlt oder wirklich stärker ist als andere, sollte nicht zu große Stücke auf sich halten. Stärke ist wirklich erstrebenswert. Gleichzeitig bringt Stärke auch eine Menge Verantwortung mit sich. Wer von beiden ist in der Lage, einen Schritt auf den anderen zuzugehen: der Schwache oder der Starke? Der Schwächere ist es sicherlich nicht, denn er ist gefangen in seinem Unvermögen.

Die Bibel sagt: «Glücklich ist, wer sich für die Schwachen einsetzt! Wenn ihn ein Unglück trifft, hilft der HERR ihm wieder heraus» (Psalm 41,2). Menschen, die vor Kraft strotzen und trotzdem über Bescheidenheit und Anteilnahme gegenüber ihrem Umfeld verfügen, sind definitiv beliebter als die überheblichen Zeitgenossen. Wer weiß schon, ob er immer zu den Stärkeren gehören wird?

Jesus war in Bezug auf die Kräfteverhältnisse in Gottes Himmelreich immer sehr klar: «Viele, die jetzt einen großen Namen haben, werden dann unbedeutend sein. Und andere, die heute die Letzten sind, werden dort zu den Ersten gehören» (Matthäus 19,30). Uns hindert übrigens auch gar nichts daran, bereits auf dieser Welt rücksichtsvoll und mitfühlend zu leben: «Weist die zurecht, die ihr Leben nicht ordnen. Baut die Mutlosen auf, helft den Schwachen und bringt für jeden Menschen Geduld und Nachsicht auf» (1. Thessalonicher 5,14).

Stell dir vor, es gibt Menschen, die mit Umständen im Leben kämpfen oder sich an Regeln festklammern, welche sie zwar für richtig halten - und trotzdem tendieren sie dazu, ständig zu zweifeln und zu hinterfragen. Möglicherweise merkst du, dass du in deinen Glaubensmustern nicht dieselben Probleme, sondern persönliche Freiheit hast. Dann soll deine persönliche Freiheit den Schwachen nicht zusätzlich runterdrücken:

«Trotzdem solltet ihr darauf achten, dass ihr mit der Freiheit, die ihr zu haben glaubt, dem nicht schadet, dessen Glaube noch schwach ist» (1. Korinther 8,9). Als Paulus in Europa an vielen Orten Kirchen aufbaute, gab es Auseinandersetzungen zur Frage, was Christen essen und trinken dürfen. Obwohl Paulus eine klare, sachliche Meinung vertrat, bat er um Rücksicht gegenüber den Schwachen: «Nehmt auch den ohne Vorbehalte an, dessen Glaube schwach ist und der meint, bestimmte Speisevorschriften befolgen zu müssen. Verwirrt ihn nicht noch dadurch, dass ihr über unterschiedliche Ansichten streitet» (Römer 14,1). Wenn du dich in solchen Dingen zu den Starken zählst, kannst du wählen, ob du geduldig und nachsichtig sein möchtest, Recht haben willst oder gewinnen willst.

Je stärker du durch die Arbeit an deiner eigenen Persönlichkeit wirst, desto mehr kannst du auch den Menschen in deinem Umfeld helfen, stärker zu werden.

!

28

DIE MACHT DES KOPFKINO-EFFEKTS

Viele Informationen gehen beim Menschen ins Ohr, aber nicht ins Hirn - und schon gar nicht ins Herz. Doch wenn wir eine Metapher verwenden, also einen Begriff mit Hilfe eines Vergleichs oder mit einer Geschichte erklären, ist das etwas anderes.

Der Philosoph, Soziologe und Essayist José Ortega y Gasset gilt als einer der bedeutendsten spanischen Denker und beschreibt es treffend: «Die Metapher zählt möglicherweise zu den fruchtbarsten latenten Kräften des Menschen. Ihre Wirksamkeit grenzt an Zauberei, und sie scheint ein Werkzeug der Schöpfung zu sein, die Gott im Inneren einer seiner Kreaturen vergaß, als er sie schuf.»

Menschen denken und sprechen ständig in Bildern. Metaphern gehören zu den wichtigsten Lerntechniken des Menschen. Wir erzeugen in unseren Gedanken neue Assoziationen, neue Bedeutungen.

Um Metaphern zu verstehen, brauchen wir Referenzerlebnisse. Elektrischer Stromfluss kann einfach durch das Fließen von Wasser in Leitungen erklärt werden, denn obwohl die wenigsten Menschen sich Strom vorstellen können, haben doch die meisten bereits als Kinder mit Wasser gespielt.

Metaphern sind Geschichten oder Bilder, die unsere Emotionen wecken, die einen Film in unserem Kopfkino abspielen lassen. Komplexe Zusammenhänge, akademische Höchstleistungen und tausendseitige Dissertationen sind unbestritten wertvoll für die Wissenschaft, doch es sind die einfachen emotionalen Geschichten, die bei den Menschen eine nachhaltige Wirkung erzielen.

Der weltbekannte Wissenschaftler Albert Einstein hat seine Erkenntnis dazu wie folgt formuliert: «Bleibe beständig darin, was du tun willst. Die Person mit großen Träumen ist mächtiger als die mit sämtlichen Fakten.»

Metaphern funktionieren jedoch nur, wenn sie richtig angewendet werden. Die emotionalen Bilder und Geschichten sind dann am wirkungsvollsten, wenn sie die angesprochenen Menschen in den Lebenssituationen abholen, in denen sie sich gerade befinden. Es kann auch passieren, dass die in einem Bereich sonst zuverlässig funktionierenden Metaphern ihre Wirkung verfehlen. So passen Metaphern aus dem Beruf im Privatleben oftmals nicht, weil die Referenzerlebnisse fehlen.

Mit den richtigen Metaphern schaffen wir es, frische Impulse zu geben, anstatt die Schubladen des herkömmlichen Denkens zu bedienen. Nicht jede Metapher ist geeignet für dich selbst.

Emotionale Bilder und Geschichten haben eine enorme Macht. Manche Sprachwissenschaftler behaupten zum Beispiel, dass man mit guten Metaphern, also mit guten Sprachbildern, politische Wahlen gewinnen kann. Es ist durchaus möglich, dass du dich in manchen Situationen durch

Metaphern manipuliert fühlst. Dann solltest du deine Gefühle ernst nehmen und prüfen, ob du die Veränderung deines Denkens zulassen willst.

In deinem Hirn gebrauchst du ebenfalls Bilder, um deine eigenen Glaubensmuster festzumachen. Deine Metaphern sind die Landkarte deines Denkschemas. Mit der Veränderung einer globalen, das heißt dominanten inneren Metapher korrigierst du unverzüglich den Blickwinkel, wie du das Leben betrachtest. Wähle deine globalen Metaphern sorgfältig aus. Beispielsweise könnte es sein, dass du über deinen Körper als «Maschine» denkst und über das Leben im Allgemeinen als «Kampf». Das sind Metaphern, die eher schädlich wirken. Wenn du deinen Körper dagegen als «Wunder» und das Leben als «Geschenk» betrachtest, änderst du damit deine ganze Einstellung.

Welche Bilder aus der Bibel haben sich dir besonders eingeprägt? Die von Gott als «Gutem Hirten»? Vom Glauben, der so groß ist wie ein «Senfkorn»? Oder das Bild vom Geist Gottes, der wie «Flammen» auf die Gläubigen kam?

Es gibt unzählige spannende Bücher auf der Welt. Doch die Bibel ist das Handbuch des Storytellings. Die darin enthaltene Dichte an verblüffenden Gleichnissen, an emotionalen Bildern und Geschichten ist enorm beeindruckend. Besonders Jesus hat es im Neuen Testament brillant verstanden, den Menschen frische Impulse zu geben, die im Hirn den Hunger nach mehr wecken und im Herz der Zuhörer ein lichterlohes Brennen entzünden.

Tausend und mehr Jahre vor Jesu Wirken auf unserer Erde hatte Gott zu den Propheten gesprochen, damit sie den Zuhörern die emotionalen Bilder und Geschichten überbringen konnten. Eine der wohl wirkungsvollsten Metaphern benutzte der Prophet Nathan bei König David, als er von Gott den Auftrag erhielt, den großen König auf sein Fehlverhalten hinzuweisen. Keine einfache Aufgabe, die Nathan aber mit großer Wirkung meisterte. Nathan wusste, dass der König David in seiner Jugend ein Schafhirte war. Als Nathan zum König David kam, begann er folgende Geschichte zu erzählen:

«Ein reicher und ein armer Mann lebten in derselben Stadt. Der Reiche hatte sehr viele Schafe und Rinder, der Arme aber besaß nichts außer einem kleinen Lamm, das er erworben hatte. Er versorgte es liebevoll und zog es zusammen mit seinen Kindern groß. Es durfte sogar aus seinem Teller essen und aus seinem Becher trinken, und nachts schlief es in seinen Armen. Es war für ihn wie eine Tochter. Eines Tages bekam der reiche Mann Besuch. Er wollte seinem Gast, der einen weiten Weg hinter sich hatte, etwas zu essen anbieten. Aber er brachte es nicht über sich, eines seiner eigenen Schafe oder Rinder zu schlachten. Darum nahm er dem Armen sein einziges Lamm weg und bereitete es für seinen Besucher zu.»

David wurde vom Zorn gepackt und brauste auf: «So wahr der Herr lebt: Dieser Mann hat den Tod verdient! Dem Armen soll er vier Lämmer geben für das eine, das er ihm rücksichtslos weggenommen hat.» Da sagte Nathan zu David: «Du bist dieser Mann! Der Herr, der Gott Israels, lässt dir sagen: ‹Ich habe dich zum König von Israel erwählt und dich beschützt, als Saul dich umbringen wollte. Den gesamten Reichtum Sauls und auch seine Frauen habe ich dir gegeben. Ganz Israel und Juda gehören dir. Und sollte dir das noch zu wenig sein, würde ich dir sogar noch mehr schenken. Warum also missachtest du meinen Willen? Warum hast du getan, was ich verabscheue? Den Hetiter Uria hast du ermordet und dann seine Frau geheiratet. Ja, du, David, bist der Mörder Urias, denn du hast angeordnet, dass Uria im Kampf gegen die Ammoniter fallen sollte!›» (2. Samuel 12,1–9).

Bamm! Diese Geschichte hat voll ins Gesicht des Königs gehauen. Nathan hätte David mit der sachlichen Information direkt auf sein Vergehen ansprechen können. Dabei hätte er damit rechnen müssen, dass er die Übermacht des Königs direkt zu spüren bekäme. Mit seiner wirkungsvollen Story hat er die Referenzerlebnisse des früheren Schafhirten angesprochen und gleichzeitig den Gerechtigkeitssinn des heutigen Königs stimuliert.

Storytelling wurde schon im biblischen Zeitalter brillant und zielgerichtet eingesetzt. Gott kennt uns Menschen gut und spricht in der Bibel durch eine Bildersprache zu uns, die unser Herz erreicht.

ARCHITEKT DEINES SELBSTWERTS

Mutter Teresa hat den Straßenkindern im Ghetto von Kalkutta in Indien keine Vorträge darüber gehalten, wie sie ihr Leben gestalten sollten. Sie gab allein durch den Umgang mit ihnen ein lebendiges Beispiel dafür, dass sie schützenswert und wertvoll waren. Sie hat den Kindern Stolz auf ihre Fähigkeiten vermittelt; Stolz darauf, Dinge zu meistern, die sie sich nie zugetraut hätten. Damit hat sie den Kindern ihre wahre Identität verliehen.

Jedes Kind braucht jemanden, der seine Persönlichkeit initiiert. Jemanden, der ihm sagt, wie wundervoll es ist, wie schön es ist, wie intelligent es ist, wie stark es ist, wie fleißig es ist, wie geschickt es ist, wie wertvoll es ist. – Übrigens mögen auch alle Erwachsenen einen wertschätzenden Umgang. Wenn wir jemanden wertschätzen, sagen wir damit, dass wir die Person als «wert-voll» betrachten; sie besitzt für uns einen hohen Wert.

Das, was wir als wichtig und kostbar erachten, spiegelt sich in unseren Werten wider, sie sind das Fundament unseres Lebens. Wenn wir ein wirklich erfülltes Leben führen wollen, gelingt uns das nur, indem wir entscheiden, welche Werte wir als die wichtigsten und höchsten einschätzen, und dann jeden Tag in Übereinstimmung mit ihnen leben.

Viele Menschen wissen, was sie haben wollen, aber sie wissen nicht, wer sie sein wollen. Wir müssen uns in allen Bereichen unseres Lebens bewusst werden, was in unserem Leben Vorrang hat, und entscheiden, dass wir diese Werte-Hierarchie in unserem Leben zur Geltung bringen wollen.

Gehörst du zu den Menschen, die selbstbestimmt leben wollen? Ein selbstbestimmtes Leben zu führen bedeutet, diese Werteordnung auch dann zu leben, wenn die Menschen in unserem Umfeld uns dafür nicht belohnen. Letztlich führen dich deine Wertvorstellungen an dein Lebensziel. Wenn du mit deinen Werten nicht übereinstimmst, entstehen Frustration, Enttäuschung, Unzufriedenheit – und das latent bohrende Gefühl, dass das Leben noch viel mehr zu bieten hätte. Stimmst du mit deinen Werten überein und fühlst dich in Sicherheit, dann herrschen im Innern Frieden, Glück und Einklang.

Die meisten Menschen sind nicht auf Anhieb imstande, ihre Werte zu definieren. Einige davon sind gedankenlos übernommen, andere sind Prägungen, wieder andere wurden abgeschaut von den Menschen im Umfeld. Wie eingangs erwähnt, entsteht unsere ursprüngliche Werteordnung dadurch, wie wir als Kinder behandelt und erzogen wurden. Außerhalb des Elternhauses übernehmen immer stärker Kollegen und Freunde die Prägungen unserer Werte. Wenn du dich nicht aktiv dafür entscheidest, dich mit deinen Werten auseinanderzusetzen, bleibt deine Werteordnung dem Zufall überlassen. Sich mit seinen eigenen Werten auseinanderzusetzen erfordert richtig viel Zeit. Und es erfordert außerdem die Bereitschaft, sich mit sich selbst zu beschäftigen und tief in sich hineinzuhorchen.

Übrigens stehen dir für die Reise zu deinen eigenen Werten zahlreiche Hilfsmittel zur Verfügung. Falls du Mühe hast, deine Werte selbst zu formulieren, findest du im Internet vordefinierte Werte-Listen zum Herunterladen, auf denen du das jeweils Zutreffende einfach ankreuzen kannst. Solltest du mit deinen jetzigen Werten unzufrieden sein, dann bist du die einzige Person, die daran etwas ändern kann. Wer seine Werte ändert, ändert sein Leben. Neu angeeignete Werteprägungen ändern deine Gedanken, Gefühle und Verhaltensweisen nachhaltig. Wähle deine neuen Werte weise.

Hast du in deiner Kindheit oder Jugend gewisse Werte von deinen Eltern oder deinen Freunden übernommen, die du heute eigentlich gar nicht mehr gut findest?

In der Bibel gibt es großartige Beispiele, wie Gott die Menschen wertschätzt. Im Schöpfungsbericht sagt Gott: «Jetzt wollen wir den Menschen machen, unser Ebenbild, das uns ähnlich ist» (1. Mose 1,26). Wir sind in seinen Augen nicht einfach eines von vielen Geschöpfen, sondern wir sind Ausdruck seiner göttlichen Identität und haben damit das Potenzial, seine Eigenschaften in uns zu tragen, seine Botschafter zu sein und als solche seine Liebe weiterzuvermitteln. Ein Vers, der uns besonders dann guttun soll, wenn wir das Gefühl haben, dass wir mit unserem Aussehen, unseren Talenten und Fähigkeiten nicht genügen, besagt: «Herr, ich danke dir dafür, dass du mich so wunderbar und einzigartig gemacht hast! Großartig ist alles, was du geschaffen hast – das erkenne ich!» (Psalm 139,14).

Mit solchen wertachtenden Aussagen und Verheißungen in der Bibel will Gott unsere Wertschätzung gegenüber uns selbst und gegenüber anderen Menschen aufbauen und unser Selbstwertgefühl in sein göttliches Fundament hineinsenken. In einem weiteren Psalm heißt es: «Der Herr bewahrt alle, die ihm die Treue halten, denn in seinen Augen ist ihr Leben wertvoll» (Psalm 116,15). Gott möchte dir in deinem Leben eine felsenfeste Überzeugung verleihen, die dir auch in den Stürmen des Lebens zuspricht, wie wundervoll, wie großartig und wie wertgeschätzt du bist. Denn er weiß zu gut, dass unsere Werte das Fundament unseres Lebens sind.

Um ein Leben führen zu können, das mit unseren Wertvorstellungen übereinstimmt, hat Gott uns in der Bibel Gebote gegeben. Gebote sind grundsätzlich nichts anderes als Werte. Außerdem hat er Jesus auf diese Erde gesandt, damit wir von seinem Vorbild und der Art, wie er die Werte gelebt hat, lernen können. Kritiker betonen, dass Gott mit seinen Geboten den Menschen ein sehr enges Korsett gegeben hat: Als Christ dürfe man dies und jenes nicht. Tatsache ist, dass Gott den Menschen die Zehn Gebote gegeben und Jesus diese mit zwei umfassenden Aussagen ergänzt hat. Mehr nicht! Was die Menschen aus diesen Geboten und Werteordnungen gemacht haben, ist ein anderes Thema: «Ihre Frömmigkeit ist wertlos, weil sie ihre menschlichen Gesetze als meine Gebote ausgegeben haben» (Matthäus 15,9). Mit den Geboten, die Gott uns geschenkt hat, will er uns tragfähige Werte mitgeben. Wer Gottes Gebote annimmt, sie befolgt und nach seinen Werten lebt, wird Weisheit erlangen und schon im jetzigen Leben glücklich sein: «Weisheit ist so wertvoll wie ein reiches Erbe, sie ist für jeden Menschen auf dieser Welt ein Gewinn» (Prediger 7,11).

Wer sich an guten Werten ausrichtet und beharrlich an sich arbeitet, damit er seine Werte auch glaubwürdig leben kann, der gibt ein bewundernswertes Bild ab. Diese Person ist selbstbewusst. Wenn jemand nur vorgibt, werteorientiert zu leben, um damit aufzufallen und andere Menschen zu beeindrucken, dann ist das scheinheilig und heuchlerisch. So ein Mensch versucht, seinen riesigen Hunger nach Bestätigung und nach Selbstwert-Zuspruch mit der Anerkennung anderer Menschen zu stillen: «Ihr legt großen Wert darauf, dass man euch für Menschen hält, die nach Gottes Willen leben. Aber Gott kennt euer Herz. Was Menschen für beeindruckend halten, das verabscheut er» (Lukas 16,15). Alles Vergängliche auf dieser Welt kann unser seelisches Selbstwertgebilde nicht dauerhaft stützen: «Aber seit ich Christus kenne, ist für mich alles wertlos, was ich früher für so wichtig gehalten habe» sagt Paulus (Philipper 3,7).

Das Bewusstsein dafür, was für dich in deiner inneren Werte-Skale ganz oben steht, was entscheidend wichtig ist, was entfaltet werden darf und zum Ausdruck gebracht werden soll, kann zum Kompass deines Lebens werden.

!

30

WENN WORTE UND TATEN ÜBEREINSTIMMEN

Kennst du das deutsche Sprichwort «Wasser predigen und Wein trinken»? Das bezeichnet eine Person, die von anderen heuchlerisch Verzicht, Zurückhaltung, Bescheidenheit und Genügsamkeit fordert, selbst aber, ganz im Gegensatz dazu, besonders verschwenderisch und genusssüchtig ist. Wie würdest du dich im Umgang mit solchen Menschen fühlen? In den Augen unserer Mitmenschen hängt unsere Glaubwürdigkeit direkt damit zusammen, dass wir tun, was wir sagen.

Möglicherweise erwiderst du jetzt, dass du nur dir selbst gegenüber verantwortlich bist. Denkst du so? Wenn dir deine Einbettung in einem sozialen Umfeld wichtig ist oder wenn du dein Leben nicht als Selbstversorger in der Abgeschiedenheit verbringen möchtest, dann ist es auch für dich von Relevanz, ob du tust, wovon du sprichst. Geschäftlich und privat stehen wir dauerhaft unter Beobachtung. Bewusst oder unbewusst nehmen wir unser Umfeld wahr: Ist das Verhalten der Menschen um uns herum glaubwürdig oder nicht, echt oder nicht, authentisch oder nicht? Vertrauen basiert auf dieser Paarung. Ein amerikanisches Sprichwort fordert uns auf: «Walk the Talk», übersetzt: «Lass Worten entsprechende Taten folgen.»

Auch unsere Körpersprache ist damit gemeint, denn unsere Körperhaltung, unsere Gestik und unsere Augenkontakte sind ein kraftvoller Verstärker unserer inneren Haltung. Der iranisch amerikanische Psychologe Albert Mehrabian hat die Wirkung von Menschen bei Präsentationen analysiert und daraus die «55-38-7-Regel» entwickelt. Diese Regel besagt, dass unsere Wirkung gegen außen zu 55 % auf unserer Körpersprache, zu 38 % auf unserer Stimmlage und nur zu 7 % auf dem Inhalt unserer Kommunikation beruht. Somit ist unser eigenes Verhalten die unmittelbare Prüfung für den Wahrheitsgehalt von dem, was wir sagen. Das, was du sagst, und das, was deine Körpersprache ausdrückt, sollten zuallererst übereinstimmen. Danach hast du es mit deinen Taten in der Hand, zu beweisen, dass du als glaubwürdig wahrgenommen werden kannst.

Befinden sich in deinem Umfeld Menschen, die wiederholt und mit Nachdruck von sich sagen, dass sie ganz bestimmt auch tun, was sie sagen? Sehr oft sind solche Beteuerungen die Projektion der eigenen Schwäche. Wer anhaltend von seiner Absicht spricht und dann trotzdem keine Taten folgen lässt, wird nicht wirklich ernst genommen, sondern hinter vorgehaltener Hand sogar belächelt.

Es gibt zwei Verhaltensmuster, die jene Menschen entlarven, die dazu tendieren, keine Taten folgen zu lassen. Das erste Verhaltensmuster ist die Art, wie sich die Person über andere Menschen äußert: Wenn jemand herablassend über andere Menschen spricht, die gar nicht anwesend sind, und dazu noch unvorteilhafte Spitznamen, vielleicht sogar Spottnamen gebraucht. Das zweite Verhaltensmuster ist die Art, wie jemand über seine Partnerin oder seinen Partner spricht: Benutzt die Person positive Kosenamen, etwa «Bessere Hälfte», «Schatz», «Prinzessin», «Mausi»? Oder sind es eher niederträchtige Ausdrücke wie «Alter», «Stinker», «Langweiler», «Klotz am Bein», «Stubenhocker», «Nicht mehr die, die ich einmal geheiratet habe!»? Sich über andere Menschen zu erheben, ist ein Indiz für Feigheit und Hinterhältigkeit und hat nichts mit Glaubwürdigkeit zu tun.

Wenn du möchtest, dass du in deinem Umfeld für eine stabile Glaubwürdigkeit stehst, dann beginn damit, deine Erwartungen an andere Menschen selbst zu erfüllen. Damit tust du genau das, wovon du im Alltag sprichst!

Gibt es Bereiche in deinem Leben, in denen es gut wäre, du würdest weniger über all das reden, was du tun willst, und stattdessen lieber aktiv werden und all das Geplante endlich umsetzen und tun? Taten sprechen manchmal lauter und nachhaltiger als Worte, stimmt's?

Die Welt um uns herum versteht es hervorragend, uns zu «lesen». Du hast es mit deinen Taten in der Hand, zu beweisen, dass du zurecht als glaubwürdig wahrgenommen werden kannst.

In der Bibel vergleicht Jesus unsere Außenwirkung mit einem Baum, der gute, schlechte oder gar keine Früchte trägt. «Ebenso werdet ihr diese falschen Propheten an ihren Taten erkennen. Nicht wer mich dauernd ‹Herr› nennt, wird in Gottes himmlisches Reich kommen, sondern wer den Willen meines Vaters im Himmel tut» (Matthäus 7,20–21).

Die Wirkungen, die wir mit unseren Taten erzielen, sind die Früchte unserer Arbeit. Dabei geht es nicht um außergewöhnliche Projekte, sondern vielmehr um die Art, wie ich andere Menschen behandle, wie ich mein Geld ausgebe, wie ich mit meinem eigenen und mit fremdem Besitz umgehe und ob ich gerne von meinem Reichtum (Wissen, Fähigkeiten, Zeit, Geld) weitergebe.

Wer an andere Menschen höhere Erwartungen stellt als an sich selbst, wird von Jesus an mehreren Stellen als Heuchler bezeichnet:

«‹Hütet euch vor den Schriftgelehrten! Sie laufen gern in langen Gewändern herum und erwarten, dass die Leute sie auf der Straße ehrfurchtsvoll grüßen. In der Synagoge sitzen sie am liebsten in der ersten Reihe, und bei den Festen wollen sie die Ehrenplätze bekommen. Gierig reißen sie den Besitz der Witwen an sich, und ihre langen Gebete sollen bei den Leuten Eindruck schinden. Gottes Strafe wird sie besonders hart treffen.› Jesus setzte sich nun in die Nähe des Opferkastens im Tempel und beobachtete, wie die Leute ihr Geld einwarfen. Viele Reiche gaben hohe Beträge. Dann aber kam eine arme Witwe und warf zwei der kleinsten Münzen in den Opferkasten. Jesus rief seine Jünger zu sich und sagte: ‹Ich versichere euch: Diese arme Witwe hat mehr gegeben als alle anderen. Die Reichen haben nur etwas von ihrem Überfluss abgegeben, aber diese Frau ist arm und gab alles, was sie hatte - sogar das, was sie dringend zum Leben gebraucht hätte›» (Markus 12,38-44).

Mit diesem krassen Kontrast klagt Jesus leeres Gerede an und hebt gleichzeitig beherzte Taten hervor. Die alte Witwe in diesem Gleichnis hat keine großen Worte verloren, sondern aus tiefer Überzeugung getan, was sie für richtig hielt.

Der Gründer des Ordens der «Minderbrüder», Franz von Assisi, vertrat sogar die Ansicht, dass Handeln kraftvoller ist als bloßes Sprechen. Er formulierte das großartig aufs Wesentlichste reduzierte Motto: «Predige das Wort zu jeder Zeit; wenn nötig, benutze Worte.» Wer Gutes vorhat, sollte konsequent sein Vorhaben umsetzen, ansonsten bleibt es bei der guten Absicht: «Allerdings genügt es nicht, seine Botschaft nur anzuhören; ihr müsst auch danach handeln. Alles andere ist Selbstbetrug!» (Jakobus 1,22).

Es ist unvorstellbar anstrengend, ein Leben zu führen, in dem die persönliche Überzeugung gegen außen nicht spürbar wird. «Walk the Talk» bedeutet, sowohl beim Sprechen als auch beim Handeln authentisch zu sein, nahe bei sich selbst zu sein. Egal, für welche Haltungen und Vorlieben du im Leben belächelt oder kritisiert wirst - für ihre Echtheit und Glaubwürdigkeit werden aufrichtige Menschen nicht belächelt, sondern geschätzt und geliebt.

Was nützt es, Liebe, Hilfe, Geduld, Unterstützung, Freundschaft, Professionalität, Kreativität nur als Absicht und Motiv mit sich herumzutragen? Kombiniere diese großen Worte mit einem Tätigkeitswort, einem Verb: Liebe weitergeben, Hilfe leisten, Geduld üben, Unterstützung geben, Freundschaft pflegen, Professionalität zeigen, Kreativität ausleben.

31

ERSCHÖPFT VOM FEHLER-NACHTRAGEN?

Wie geht es dir, wenn dir jemand sagt, dass du einen Fehler gemacht hast? In den Industrieländern sind wir nicht bekannt für unsere Fehlerkultur. Wenn in unserer Gesellschaft jemand etwas falsch gemacht hat, dann muss er dafür bestraft werden. Bestrafung vollziehen wir über schlechte Noten, Strafaufgaben, Hausarrest, Liebesentzug, Smartphone-Entzug oder sonstige erzieherische Maßnahmen. Das machen wir schon so lange und über so viele Generationen hinweg, dass wir Angst davor haben, Fehler zu machen. Wir haben Angst davor, dumm oder inkompetent dazustehen, als Versager abgestempelt zu werden oder nicht makellos wahrgenommen zu werden.

Die Angst vor Fehlern führt bei den Jugendlichen in der Schule und bei den Erwachsenen im Unternehmen dazu, dass sich viele in die Passivität zurückziehen und mit resignativer Grundbasis-Zufriedenheit begnügen. Denn wer möchte sich schon exponieren, wenn er für seinen Wagemut und für seine öffentlich sichtbaren Fehler eins auf den Deckel bekommt?

Doch was unterscheidet eigentlich erfolgreiche Menschen von anderen?

Sie machen viele Fehler.

Erfolgreiche machen oft mehr Fehler als Erfolglose.

Erfolgreiche Sportler haben auf ihrem Weg an die Spitze zahlreiche Niederlagen erlitten. Ein Fehler oder eine Niederlage ist an sich noch nichts Falsches. Wie das Wort «Fehler» schon sagt, steckt dahinter etwas Fehlendes. Ein Fehler zeigt mir auf, wo ich noch Entwicklungspotenzial habe. Der Umgang mit Fehlern ist demnach entscheidend. Sowohl bei meinen eigenen als auch bei Fehlern von anderen. Wie eigne ich mir das fehlende Stück an? Woher bekomme ich das Wissen? Wie kann ich mir die Fähigkeit aneignen? Welche Gewohnheit steht mir im Weg?

Beim Umgang mit Fehlern bei uns oder bei anderen ist es entscheidend, ob wir uns damit beschäftigen, einen Schuldigen zu suchen. Frage lieber nicht: «Wer ist schuld?» Das hilft niemandem. Wir verbringen zu viel Zeit damit, selbst für belanglose Kleinigkeiten im Leben, die schiefgelaufen sind, einen Schuldigen zu suchen. Den Schuldigen ausfindig zu machen, ist vergangenheitsorientiert. Dafür zu sorgen, dass wir denselben Fehler kein zweites Mal machen, ist zukunftsorientiert.

31. ERSCHÖPFT VOM FEHLER-NACHTRAGEN?

In einer Lernkultur ist der wiederkehrende Verbesserungsprozess das Ziel. Der Mut, neue Wege auszuprobieren, soll belohnt werden. Wenn ein Weg zu einem Fehler führt, dann hör auf, diesen Weg weiterhin einzuschlagen. Wenn Fehler früh erkannt werden, sind die Auswirkungen oft mit eindeutig geringeren Konsequenzen verbunden. Dieses fehlertolerante System heißt «Fail early, fail fast, fail cheap» («Wenn du scheiterst, dann möglichst früh, schnell und kostengünstig») und wird in Software-Entwicklungs-Unternehmen eingesetzt.

Was bedeutet das für uns? Um unsere jahrelangen Prägungen im Umgang mit Fehlern zu verändern, brauchen wir Lockerheit, Wagemut und Ausdauer. Arbeite an dir, so dass du aus deinen Fehlern lernst. Denn wer einen Fehler bewusst zweimal macht, der handelt mit Absicht!

Denke an den letzten Fehler zurück, den du gemacht hast. Was glaubst du, was das «Fehlende» in dieser Situation war? Welches Entwicklungspotenzial steckte in diesem Fehler?

Der Umgang mit den eigenen Fehlern unterscheidet sich höchstwahrscheinlich sehr stark davon, wie wir mit den Fehlern von anderen umgehen. Von eigenen Fehlern abzulenken, indem wir auf die Fehler der anderen zeigen, ist ein verbreitetes Verhaltensmuster. Wenn du anstelle von gegenseitigem Anklagen in die Beziehung zu deinen Mitmenschen investieren möchtest, hast du dafür eine Alternative: «Wer über die Verfehlungen anderer hinwegsieht, gewinnt ihre Liebe; wer alte Fehler immer wieder ausgräbt, zerstört jede Freundschaft» (Sprüche 17,9). Wenn wir uns bewusst sind, dass wir alle Fehler machen, dann müssen wir die Schwere des Gewichts unserer Fehler auch gar nicht gegenseitig vergleichen.

Noch eine Spur intensiver wird unsere Gefühlslage, wenn jemand uns gegenüber einen Fehler begangen hat. Es gibt große Unterschiede beim Schweregrad der zugefügten Kränkungen und Verletzungen. Sie können unter Umständen so schwer wiegen, dass sie ein Leben zerstören.

Eine stark vernachlässigte Komponente ist, dass wir den Übeltätern ihre Schuld in unserem Lebensrucksack nachtragen. Je nachtragender wir sind, desto eher zerbrechen wir an der Last des Nachtragens. Wenn du Heilung von deinen Kränkungen und Verletzungen erfahren willst, dann beginne damit, dich selbst vom Nachtragen zu befreien. Das gelingt dir nur, wenn du vergeben kannst.

Jesus hat immer wieder darauf hingewiesen, wie wichtig die gegenseitige Vergebung für uns Menschen ist: «Euer Vater im Himmel wird euch vergeben, wenn ihr den Menschen vergebt, die euch Unrecht getan haben» (Matthäus 6,14). Die Vergebung war bereits damals ein hitzig diskutiertes Thema. Petrus fragte Jesus: «‹Herr, wie oft muss ich meinem Bruder oder meiner Schwester vergeben, wenn sie mir Unrecht tun? Ist siebenmal genug?› ‹Nein›, antwortete ihm Jesus. ‹Nicht nur siebenmal, sondern siebzigmal siebenmal›» (Matthäus 18,21–22).

Bamm! Mit dieser Antwort hat Petrus bestimmt nicht gerechnet. Was bedeutet denn diese Zahlenkombination von siebzigmal siebenmal? Sieben ist in der Bibel die Zahl der Vollkommenheit. Gott hat die Schöpfung nach sieben Tagen vollendet (1. Mose 2,2). Die Zahl 70 spricht vom Erreichen der Vollendung (Psalm 90,10; Daniel 9,24). Es liegt also nahe, daraus zu verstehen, dass wir einander bis zur vollkommenen Vollendung immer wieder vergeben sollen.

Eine neuzeitliche Sicht auf diese Zahlenkombination ist das Beispiel mit dem Taschenrechner: Tippe «siebzigmal siebenmal» als Tastenkombination in den Rechner - also so: 70 x 7 x - , dann wirst du den Zahlenwert 240.100 erhalten. Wenn du an allen Tagen im Jahr den Menschen in deinem Umfeld vergibst, dann reicht deine Vergebungsbereitschaft für 240.100 : 365 = 657 Jahre aus.

Wie viel einfacher würde es uns fallen, Fehler zu vergeben, wenn wir selbst um Verzeihung unserer Fehler bitten: «Lasst die Sonne nicht untergehen, ohne dass ihr einander vergeben habt» (Epheser 4,26). In Anlehnung ans fehlertolerante System würde dies bedeuten: Bitte andere Menschen möglichst früh, schnell und konsequenzengünstig um Verzeihung.

«Wir sollen immer verzeihen, dem Reuigen um seinetwillen,
dem Reuelosen um unseretwillen.»

(Marie von Ebner-Eschenbach)

32

ZIELFOKUS VERHILFT ZU STABILITÄT

In vielen Persönlichkeitsentwicklungs-Seminaren gehört zur Auflockerung ein Outdoor-Aktivitätsteil dazu. In schwindelerregender Höhe lernt man zum Beispiel, sich auf das Ziel zu fokussieren und nicht in die furchterregende Tiefe zu schauen. Dasselbe gilt beim Balancieren über eine Slackline oder beim Rudern auf einem Stand-up-Paddle-Board: Stabilität und Selbstbewusstsein erreichen wir, sobald wir auf das Ziel schauen.

Wer sich fokussiert, der richtet sich bewusst auf ein Ziel aus und widmet sich diesem mit all seiner Kraft, all seiner Energie und Leidenschaft, um es am Ende auch zu erreichen.

Es reicht nicht, mit ein paar Konzentrationsübungen die eigenen Fähigkeiten zu trainieren und zu stärken. Fokussierung ist vielmehr die konzentrierte, gebündelte und willentliche Ausrichtung auf ein bestimmtes Ziel.

Samuel Smithers von der Universität in Leicester, England, kommt in seiner Studie zum Ergebnis, dass die Motivation bei Mitarbeitenden, denen ein Ziel vorgegeben wurde, um bis zu 35 % höher ist als bei denen, die ohne Zielvorgabe arbeiten. Allerdings gibt es Unterschiede bei den Geschlechtern. Frauen sind ohne Zielvorgaben leistungsorientierter als Männer, während Männer durch eine Zielvorgabe einen regelrechten Leistungskick erhalten.

Stark fokussierte Menschen sind nicht nur enorm ausdauernd und hartnäckig, sie lassen sich auch kaum noch ablenken oder entmutigen. Und sie sind schneller am Ziel, weil sie dank dem Zielfokus beständiger und weniger abgelenkt unterwegs sind. Wie sieht das in unserem Leben aus? Kennst du das lähmende Gefühl, wenn du auf deine sich wie Riesen aufbäumenden Probleme schaust? Probleme werden größer und nehmen ständig mehr Raum in unserem Leben in Anspruch, wenn wir ihnen unsere volle Aufmerksamkeit schenken. «Where focus goes energy flows» – wo wir unsere Aufmerksamkeit hinlenken, da findet Wachstum statt. Du entscheidest mit deiner Aufmerksamkeit, ob du deine Probleme – deine persönlichen Riesen – wachsen lassen oder ob du stattdessen deine Zuversicht nähren willst. Damit beeinflusst du deinen Erfolgswillen und deine Gewissheit, dass du es schaffen wirst.

Geht es darum, nur noch mit dem Tunnelblick und den Kopfhörern im Ohr durchs Leben zu marschieren und alles zu ignorieren oder niederzumähen, was sich uns in den Weg stellt? Nein, das

32. ZIELFOKUS VERHILFT ZU STABILITÄT

Leben verläuft selten nach Plan. Improvisation und Anpassungsfähigkeit sind trotz scharfem Zielfokus wichtige Erfolgsfaktoren.

Große Ziele erfordern langfristige Fokussierung und einen langen Atem. Weil sie uns wichtig sind und weil sie uns weiterbringen. Sie verlangen immer wieder unsere ungeteilte Aufmerksamkeit. Es ist notwendig, langfristig fokussiert zu bleiben und auf dem Weg zum Ziel zu improvisieren und Kurskorrekturen vorzunehmen.

Erfolgreiche Menschen haben diese Eigenschaft gemeinsam: Sie hatten oder haben einen entscheidenden Traum, eine Vision, ein Ziel, das sie mit aller Kraft und mit sehr klarem Fokus verfolgen. Auch du hast sämtliche Voraussetzungen, um deinen Erfolgswillen zu fokussieren. Dein Weg zum Erfolg startet mit deinem beharrlichen Zielfokus.

Hast du Vorbilder, die «in sich ruhend» und stabil ihren Weg gehen? Könnte es sein, dass es daran liegt, dass sie ein Ziel vor Augen haben und sich konstant daran orientieren?

Als Jesus als Mensch auf dieser Welt wirkte, hatte er mit Petrus einen Jünger, der für seine tiefe Hemmschwelle und für sein temperamentvolles Verhalten bekannt war. Eines Abends legten die Jünger ohne Jesus im Boot ab, damit sie ans andere Ufer gelangten.

«Die Jünger waren schon weit draußen auf dem See, als ein Sturm heraufzog. Der starke Gegenwind peitschte die Wellen auf und machte dem Boot schwer zu schaffen. In den frühen Morgenstunden kam Jesus über den See zu ihnen. Als die Jünger ihn auf dem Wasser gehen sahen, waren sie zu Tode erschrocken. ‹Es ist ein Gespenst!›, meinten sie und schrien voller Entsetzen. Aber Jesus sprach sie sofort an: ‹Habt keine Angst! Ich bin es doch, fürchtet euch nicht!› Da rief Petrus: ‹Herr, wenn du es wirklich bist, dann befiehl mir, auf dem Wasser zu dir zu kommen.› ‹Komm her!›, antwortete Jesus. Petrus stieg aus dem Boot und ging Jesus auf dem Wasser entgegen. Kaum war er bei ihm, da merkte Petrus, wie heftig der Sturm um sie tobte. Er erschrak, und im selben Augenblick begann er zu sinken. ‹Herr, hilf mir!›, schrie er. Sofort streckte Jesus ihm die Hand entgegen, hielt ihn fest und sagte: ‹Vertraust du mir so wenig, Petrus? Warum hast du gezweifelt?› Sie stiegen ins Boot, und der Sturm legte sich. Da fielen sie alle vor Jesus nieder und riefen: ‹Du bist wirklich der Sohn Gottes!›» (Matthäus 14,24-33).

Am Verhalten von Petrus ist beeindruckend, wie schnell es ihm gelang, aus dem Moment der Furcht in die Zielfokussierung auf Jesus umzustellen. Aus Sicht von Petrus gab es in diesem beängstigenden Sturm mehrere Vernunftverstärker, die er überwinden musste. Er war im Boot am vermeintlich sichersten Ort in diesem Sturm; freiwillig will da keiner raus. Er und seine Freunde hatten alle Hände voll zu tun, damit das Boot nicht unterging; es gab keinen Grund, sie im Stich zu lassen. Um aus dem Boot zu steigen, musste er über die Flanke hinaussteigen; der erste Schritt in die wilden Wellen braucht eine enorme Entschlossenheit. Das deutet darauf hin, welch großes Vertrauen er in die Macht von Jesus hatte. Petrus hatte nicht den Verstand verloren und stürzte sich nicht einfach in die Fluten, er ließ sich von Jesus rufen und folgte gehorsam dem Ruf Gottes. Solange Petrus sich auf Jesus fokussierte, vertraute er ihm - und das Wasser trug ihn. Dann ließ er sich durch die widrigen Umstände seiner aktuellen Situation ablenken, den starken Wind und die peitschenden Wellen.

Als Jesus ihn vor dem Ertrinken gerettet hatte, bekam Petrus vom Lehrmeister die Lektion zum erfolgreichen Fokussieren auf Gottes Allmacht. Wenn wir aus dem Boot steigen, ändern sich nicht auf einen Schlag alle Lebensumstände. Angst gehört dazu, wenn wir Jesus ins Ungewisse folgen. Es ist normal, in so einer Situation Angst zu bekommen, wenn wir den Blick von Jesus wegwenden. Die entscheidende Frage ist, wie wir mit unserer Angst umgehen und ob wir uns dadurch destabilisieren lassen. Jesus hat Petrus gesagt: «Bei Gott ist alles möglich, wenn du glaubst und nicht zweifelst.»

Wie ist das bei uns? Trauen wir Gott das Unmögliche zu? Gründen wir unseren stabilisierenden Fokus auf die Gewissheit, dass Jesus zur richtigen Zeit eingreift? Wenn wir wie Petrus nicht einmal der Allmacht von Jesus vertrauen, wie wollen wir dann uns selbst die notwendigen Glaubensschritte in Richtung Jesus zumuten? Wir brauchen für unsere Zielfokussierung oftmals die Hilfe von Jesus, damit unsere Glaubensschritte einen tragfähigen Boden finden.

Stabilität und Selbstbewusstsein erhalten wir dann, wenn wir auf unser Ziel schauen und uns durch nichts destabilisieren lassen - auch nicht durch Angst.

33

VOM MÜSSEN ZUM WOLLEN

Musst du morgens aufstehen? Aufstehen gehört dazu. (Manche sagen, es sei für sie der erste große Glaubensschritt ihres Tages!) Du musst duschen. Eventuell musst du Frühstück machen. Du musst zur Arbeit gehen. Du musst Telefonate führen, und du musst E-Mails beantworten. Du musst einkaufen. Danach musst du noch zur Post, zum Sport. Abends musst du dann nach Hause, musst Privates regeln, musst zu Freunden und Familie schauen. Wir sind es derart gewohnt, auf so vielen Ebenen zu «müssen», dass wir gar nicht mehr hinterfragen, was wir eigentlich wollen.

Wie fühlt sich das an, dauernd zu müssen? Drückt es für dich Freiheit und Selbstbestimmung aus? Wollen wir mit «Ich muss! Ich muss!» womöglich zum Ausdruck bringen, dass wir die Dinge, die wir tun, eigentlich gar nicht wollen und sie nur deshalb tun, weil irgendjemand es von uns erwartet? Oder «müssen» wir, weil wir anderen gefallen wollen?

Bestimmt gibt es zahlreiche Dinge, die wir tun, weil es sonst unangenehme Konsequenzen für uns hätte. Wenn du nicht zur Schule gehst oder wenn du nicht bei der Arbeit erscheinst, könntest du von der Schule fliegen oder deinen Job verlieren.

Wenn du zur Schule gehst, weil du später in deinem Leben einen spannenden und erfüllenden Job kriegen möchtest, dann *musst* du nicht mehr zur Schule: Nein, dann hast du gewählt, dass du zur Schule gehen *willst*. Wenn du willst, beanspruchst du für dich den Standpunkt der freien Wahl. Menschen, die dauernd behaupten, zu müssen, widerspiegeln die Position von ausgesprochen starker Fremdbestimmung.

Es ist schwer nachvollziehbar, dass so viele Menschen sagen, dass sie müssen, müssen, müssen, wenn sie doch zweifelsohne ein freies Leben führen könnten. Möglicherweise steckt in mancher hektischen Lebensphase hinter der häufig benutzten Aussage «Ich muss!» eine große Portion Selbstmitleid.

33. VOM MÜSSEN ZUM WOLLEN

Machen wir es kurz: «Ich muss» – das heißt in Wirklichkeit oft «Ich will»! Ich will zur Arbeit, ich will zum Sport, ich will noch etwas besorgen, ich will was leisten, ich will überzeugen, ich will nach Hause, ich will ins Bett. Was denkst du, wie du dich fühlst, wenn du ab sofort mit «Ich will» auftrittst? Bist du gespannt darauf, wie du von deinem Umfeld wahrgenommen wirst, wenn du konsequent aussprichst, was du willst? Richtig: Deine Wirkung gegen außen wird selbstbewusst, stark, selbstbestimmt, unabhängig und frei. Und diese Ausstrahlung wird ganz bestimmt auch dein Umfeld positiv zur Kenntnis nehmen.

Zählst du dich zu den Menschen, die in Bezug auf den Glauben mit «Müssen» und «Wollen» ein gewisses Verständnisproblem haben? Glaubst du, dass du einen freien Willen hast? Oder ist für dich selbst das kleinste Detail im Leben von Gott vorherbestimmt und folglich nicht beeinflussbar?

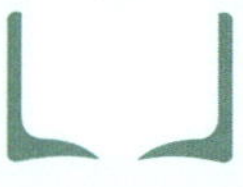

Es ist unbestritten, dass der freie Wille eine der persönlichen Eigenschaften von Gott ist. Und da Gott gesagt hat, dass er uns nach seinem Ebenbild erschaffen hat (1. Mose 1,26; 1. Mose 2,7), ist es doch höchst wahrscheinlich, dass auch wir Menschen über einen freien Willen verfügen – korrekt?

Als Gott die Schöpfung vollendet hatte, brachte er den Menschen in den Garten von Eden. Er gab ihm die Aufgabe, den Garten zu bearbeiten und ihn zu bewahren. «Dann schärfte er ihm ein: ‹Von allen Bäumen im Garten darfst du essen, nur nicht von dem Baum, der dich Gut und Böse erkennen lässt›» (1. Mose 2,16–17). Damit übertrug Gott uns Menschen die Verantwortung im Umgang mit der Schöpfung, und gleichzeitig überließ er uns die freie Wahl, wie wir diese Pflege wahrnehmen und wovon wir essen wollen. Der Mensch durfte seither tun und lassen, was er wollte. Wer in der Schöpfungsgeschichte weiterliest, kommt an die Stelle, wo der Mensch, der abgesehen von dieser winzig kleinen Einschränkung alles hatte, dazu verführt wird, genau von diesem einen Baum der Erkenntnis zu essen. Damit hat der Mensch gegen Gott rebelliert und sich mit ihm auf eine Stufe stellen wollen. Diese Selbstinszenierung, dieses Aufplustern unseres so krass egoistischen Willens konnten die beiden ersten Menschen damals nicht vermeiden – geschweige denn irgendein anderer Mensch seither.

Durch das gesamte Alte Testament der Bibel hindurch hatte Gott den Plan, sein Volk und schließlich die gesamte Menschheit zu befreien und zu retten. Doch erst «durch Christus sind wir frei geworden, damit wir als Befreite leben. Jetzt kommt es darauf an, dass ihr euch nicht wieder vom Gesetz versklaven lasst» (Galater 5,1). Ein grundsätzlich neues, zwangbefreites Wollen entsteht aber nur durch das Einwirken und den Einfluss von Gottes Geist: «Und doch ist es Gott allein, der beides in euch bewirkt: Er schenkt euch den Willen und die Kraft, ihn auch so auszuführen, wie es ihm gefällt» (Philipper 2,13).

Im Glauben, und ganz generell im Leben, gibt es Rahmenbedingungen, die dich den uneingeschränkten freien Willen nicht ausleben lassen.

Wenn du Rücksicht auf andere nimmst oder wenn du dich einem Ziel unterordnest, dann geht es nicht um Fremdbestimmung, sondern dann hast du diese Rahmenbedingungen frei gewählt. Gott wünscht sich, dass wir unser Verhalten von der Liebe prägen lassen statt von Egoismus. Vorbehaltlose Liebe, die aus freiem Willen weitergegeben wird und auch einmal verzichten oder hintanstehen kann, ist das höchste Geschenk.

Gott mag selbstbewusste Menschen, die nicht müssen, sondern von Herzen gerne eine lebendige Beziehung zu ihm wollen; Menschen, die in der Konsequenz davon die Rahmenbedingungen einer bewusst gewählten Beziehung oder eines bewusst gewählten Zieles gerne annehmen und einhalten werden.

!

34

WOFÜR BIST DU FEUER UND FLAMME?

Lässt du jeden beliebigen Menschen in dein Zuhause? Haben dein Haus oder deine Wohnung Schlösser an den Türen, oder kann jeder sich freien Zugang verschaffen? Ohne dich zu kennen, gehe ich davon aus, dass du Wert darauf legst, selbst zu entscheiden, wen du bei dir zu Hause hereinlässt. Wenn du bei deinem Wohnzimmer genauestens darauf achtest, wen du in die gute Stube hereinlässt, wie ist es denn in deinem Gehirn? Kontrollierst du dort ebenfalls den Zugang? Spielt es eine Rolle, welche Bilder du über deine Augen ins Gehirn hereinlässt? Gewährst du jeglichen Gedanken in deinem Kopf die freie Wildbahn?

Es spielt eine Rolle, welche äußeren Impulse unsere Einstellung prägen. Unser persönliches Engagement lässt sich dadurch bis zum Enthusiasmus steigern. Enthusiasmus ist, wenn du für etwas so richtig brennst. Dann wirst du von Freunden und Kollegen für deinen Enthusiasmus bewundert, denn viele Menschen wünschen sich leidenschaftliche Begeisterung. Wenn jemand für etwas brennt, verfügt er über Charisma, welches sich in seinem Verhalten widerspiegelt. Er lacht, lobt die Leute in seinem Umfeld regelmäßig, kann andere mitreißen und ist durch seinen Enthusiasmus um einiges produktiver als andere. Mit dem Begriff «Enthusiasmus» verbinden wir fast ausschließlich positive Gefühle. Doch Menschen können auch in negative Gefühle oder Dinge leidenschaftlich viel Energie investieren.

Wofür brennst du? Stell dir vor, in deinem Inneren brennen zwei Feuer. Eines davon ist das Feuer deiner Ängste, Sorgen, negativen Erwartungen, deiner Enttäuschungen, deiner Wut, deines Ärgers. Das andere Feuer ist das deiner Begeisterung, deiner Hoffnungen und deiner Träume. Es ist das Feuer von deinem Optimismus, deiner Leidenschaft und deiner Lebensfreude. Jedes der beiden Feuer brennt nicht einfach vor sich hin. Beide benötigen Brennmaterial, um nicht zu erlöschen. Für dieses Brennmaterial bist du selbst verantwortlich. Du entscheidest, welches der beiden Feuer du auflodern lassen willst oder welches mangels Brennmaterials demnächst erstickt.

Du fragst dich, womit du diese beiden Feuer nährst? Jeder Gedanke, den du denkst, entspricht einem Stück Holz und nährt eines der beiden Feuer. Wenn du darauf achtest, deine Aufmerksamkeit ausschließlich auf positive Themen zu lenken, dann wirst du Feuer und Flamme sein für die guten Dinge des Lebens. Und gleichzeitig lässt du das negative innere Feuer allmählich ausgehen, weil es von dir keine Nahrung mehr erhält.

Jetzt bist du dran: Welches der beiden inneren Feuer ist der richtige Antrieb, der dich weiterbringt im Leben? Möchtest du für deinen positiven Enthusiasmus bewundert werden? Oder möchtest du einfach nur deine innere Zufriedenheit erhöhen? Beide Wünsche sind die Flammen wert: Lass dein Feuer lichterloh brennen!

Stell dir vor, du würdest die Dinge, die dir wichtig sind, nur noch mit dem «positiven Feuer» guter Gedanken angehen. – Welche Bereiche deines Lebens könnten davon besonders profitieren? Deine Freundschaften, dein Studium, dein Beruf, deine Träume, deine Beziehungen, deine Ehe?

Einmal mehr zeigt sich die Bibel in den relevanten Lebensthemen als hochaktuell. Als wäre Shopping schon vor zweitausend Jahren ein Thema gewesen, benutzt die Bibel unser neuzeitliches Kopfkino, indem sie uns rät: «Zieh das neue Leben an, wie du neue Kleider anziehst.»

Vergleichbar mit dem Bild der beiden oben beschriebenen inneren Feuerstellen spricht die Bibel von alten und neuen Kleidern, zwischen denen man sich entscheiden muss. Wahrscheinlich trägst du alte und neue Kleider nicht gleichzeitig übereinander: «Ihr sollt euer altes Leben wie alte Kleider ablegen. Folgt nicht mehr euren Leidenschaften, die euch in die Irre führen und euch zerstören. Lasst euch in eurem Denken verändern und euch innerlich ganz neu ausrichten. Zieht das neue Leben an, wie ihr neue Kleider anzieht. Ihr seid nun zu neuen Menschen geworden, die Gott selbst nach seinem Bild geschaffen hat. Jeder soll erkennen, dass ihr jetzt zu Gott gehört und so lebt, wie es ihm gefällt» (Epheser 4,22–24).

So wie man deine neuen Kleider von außen wahrnimmt, so wirst du von Freunden und Kollegen für deinen Enthusiasmus bewundert, denn viele wünschen sich, dass ihnen die leidenschaftliche Begeisterung ebenso gut steht wie dir. Wenn jemand für etwas Enthusiasmus zeigt, verfügt er über Charisma, welches sich in seinem Verhalten sichtbar widerspiegelt.

Möglicherweise fragst du dich jetzt, welche Eigenschaften das gewünschte Verhalten umfasst. Die Bibel klagt nicht nur das negative Verhalten an, sondern sie nennt auch konsequent die positiven Eigenschaften, die wir uns aneignen sollen: «Gebt ihr dagegen eurer alten menschlichen Natur nach, ist offensichtlich, wohin das führt: zu sexueller Unmoral, einem sittenlosen und ausschweifenden Leben, zur Götzenanbetung und zu abergläubischem Vertrauen auf übersinnliche Kräfte. Feindseligkeit, Streit, Eifersucht, Wutausbrüche, hässliche Auseinandersetzungen, Uneinigkeit und Spaltungen bestimmen dann das Leben ebenso wie Neid, Trunksucht, Fressgelage und ähnliche Dinge» (Galater 5,19–21). Das ist das Verhalten, das wir wie alte Kleider ablegen und entsorgen sollen.

Die neuen, gegen außen hin strahlenden Kleider, die wir anziehen sollen, sind gute Eigenschaften: «Dagegen bringt der Geist Gottes in unserem Leben nur Gutes hervor: Liebe, Freude und Frieden; Geduld, Freundlichkeit und Güte; Treue, Nachsicht und Selbstbeherrschung. Ist das bei euch so? Dann kann kein Gesetz mehr etwas von euch fordern! Es ist wahr: Wer zu Jesus Christus gehört, der hat sein selbstsüchtiges Wesen mit allen Leidenschaften und Begierden ans Kreuz geschlagen. Durch Gottes Geist haben wir neues Leben, darum wollen wir uns jetzt ganz von ihm bestimmen lassen! Prahlen wir also nicht mit unseren vermeintlichen Vorzügen, denn dadurch rufen wir nur Kränkungen und Neid hervor» (Galater 5,22–26).

Somit ist auch gleich gesagt, dass es schon damals, genauso wie auch heute, nicht gut ankommt, wenn wir mit unseren neuen Kleidern prahlen.

Das Wort «Enthusiasmus» kommt aus dem Griechischen: «enthus» (von «entheos») bedeutet «gottvoll» und «gottbegeistert». In diesem Sinne steht uns Enthusiasmus als neues Kleid doch supergut!

35

UNMÖGLICH: SINGEN UND ANGST HABEN GLEICHZEITIG

Musstest du als Kind manchmal allein in den Keller gehen, um etwas zu holen? Hast du unterwegs eine Melodie gesummt oder ein Lied gesungen? Bei Kindern ist dieses instinktive Summen und Singen in Angstsituationen ausgeprägter als bei Erwachsenen. Dabei wird unsere Atmung tiefer, und wir entspannen uns. Gleichzeitig schüttet unser Körper beim Singen einen Hormoncocktail aus, der uns die Angst kaum mehr spüren lässt. Musik wird zum Beispiel auch über die Lautsprecher der Parkhäuser eingespielt. Denn auch dort ist es einigen Menschen unheimlich, und die Musik kann das Wohlgefühl merklich steigern. Ohne darüber nachzudenken, summen viele im Alltag vor sich hin. Wenn sich die Melodie wie ein Ohrwurm im Kopf bemerkbar macht, können manche nicht stumm bleiben, egal, wo sie sich gerade befinden.

Was da in unseren Köpfen automatisch abläuft, ist Balsam für die Seele, sagen Musiktherapeuten. Summen, singen, ein Instrument spielen – all das ist viel mehr als nur eine vergnügliche Beschäftigung. Es hat einen medizinischen Hintergrund. Beim Singen wird im Körper ein Bindungshormon ausgeschüttet, das übrigens auch bei Mutter und Kind während des Stillens eine Rolle spielt. Kombiniert damit kommen Glückshormone ins Spiel, die beim Singen ausgeschüttet werden. Dieser Cocktail wirkt enorm stressreduzierend.

Dein Gehirn hat längst bemerkt, dass du nicht gleichzeitig singen und Angst haben kannst. Deshalb beginnst du in Angstsituationen unbewusst zu pfeifen, zu summen oder zu singen.

Menschen, die regelmäßig singen, erzählen davon, wie stark sie dieses Singen befreit. Beim Singen werden die Glückshormone Endorphin, Serotonin, Dopamin und Adrenalin freigesetzt und verbessern damit unseren Gefühlszustand.

Ist es da noch fraglich, weshalb so viele Eltern ihre Babys in den Schlaf singen? Mit ihrem Singen helfen sie den Babys bewusst oder unbewusst, stressfrei und ohne Angst einzuschlafen. Und möglicherweise stellen die Eltern gleichzeitig fest, dass es ihnen selbst nach dem Singen ebenfalls viel besser geht – oder dass sie beim Singen sogar gleichzeitig mit dem Baby müde und schläfrig geworden sind.

35. UNMÖGLICH: SINGEN UND ANGST HABEN GLEICHZEITIG

Es ist nicht wichtig, ob jemand singen kann. Gesang wirkt in jedem Fall, auch wenn es nicht so professionell klingt wie bei ausgebildeten Sängern. Übrigens, in Schweden bieten Opernsängerinnen unter dem Titel «SOS Oper» Privatkonzerte für die Einsamen und die unter Liebeskummer Leidenden an. Das Geheimnis des Erfolges dieser Sopranistinnen und Baritone ist, dass speziell klassische Musik emotional tief bewegt. Musik rührt uns oft zu Tränen. Musik hilft, das seelische Gleichgewicht zu finden, weil sie uns so nahekommt und uns in eine Stimmung bringt, die uns guttut.

Welche Rolle spielt Gesang in deinem Leben? Singst du unter der Dusche? Pfeifst du? Summst du? Singst du allein im Auto? Oder singst du vielleicht sogar in einem Chor oder in einer Band mit?

Singen ist in der Bibel allgegenwärtig. An mehreren Stellen lesen wir von Lobliedern, Trauerliedern und von Liedern zur Überlieferung einer Geschichte an die nächsten Generationen. Paulus und Silas erzählen in der Apostelgeschichte eine kuriose Geschichte über das Singen im dunklen Gefängnis:

«Nachdem sie so misshandelt worden waren, warf man sie ins Gefängnis und gab dem Aufseher die Anweisung, die Gefangenen besonders scharf zu bewachen. Also sperrte er sie in die sicherste Zelle und schloss zusätzlich ihre Füße in einen Holzblock ein. Gegen Mitternacht beteten Paulus und Silas. Sie lobten Gott mit Liedern, und die übrigen Gefangenen hörten ihnen zu. Plötzlich bebte die Erde so heftig, dass das ganze Gefängnis bis in die Grundmauern erschüttert wurde; alle Türen sprangen auf, und die Ketten der Gefangenen fielen ab. Aus dem Schlaf gerissen sah der Gefängnisaufseher, dass die Zellentüren offen standen. Voller Schrecken zog er sein Schwert und wollte sich töten, denn er dachte, die Gefangenen seien geflohen. ‹Tu das nicht!›, rief da Paulus laut. ‹Wir sind alle hier.› Der Gefängnisaufseher ließ sich ein Licht geben und stürzte in die Zelle, wo er sich zitternd vor Paulus und Silas niederwarf. Dann führte er die beiden hinaus und fragte sie: ‹Ihr Herren, was muss ich tun, um gerettet zu werden?› ‹Glaube an den Herrn Jesus, dann werden du und alle, die in deinem Haus leben, gerettet›, erwiderten Paulus und Silas» (Apostelgeschichte 16,23–31).

Paulus und Silas hätten nach Folter und schärfster Gefängnishaft allen Grund gehabt, verängstigt zu sein und zu jammern. Doch sie haben sich entschlossen, Loblieder zu singen. Wenn Singen eine Bestimmung bekommt, ist sie noch wirksamer gegen Angst.

Noch heute dürfen wir darauf vertrauen, dass Gott unsere Lieder und unsere Gebete hört. Sicherlich fällt es uns nicht leicht, in Leid und Schwierigkeiten «Worship» zu betreiben. Doch gerade in solchen Zeiten kann Gott ein enormer Trost für unsere Seele sein, wenn weder Menschen noch Worte unser Innerstes noch erreichen können. Bei Paulus und Silas hatte Worship ihre Situation nicht nur erträglich gemacht, sondern sie grundlegend verändert. Physisch und geistlich. Sie haben ein Wunder erlebt, sie waren frei. Zusätzlich verhinderten sie einen Selbstmord in einer ausweglosen Situation, und die Seele dieses Aufsehers und seine ganze Familie wurden gerettet. Ist das nicht großartig?

Unsere Worship-Zeiten, in denen wir unseren Fokus ganz auf Jesus richten, helfen uns, die Sorgen dieser Welt hinter uns zu lassen und sie an eine mächtigere, höhere Stelle abzugeben. Glaubst du daran, dass Jesus mit derselben Kraft Wunder wirkt, wie wir es in der Bibel lesen können?

In der Bibel steht mindestens 104-mal «Fürchte dich nicht!» oder «Fürchtet euch nicht!» – wir dürfen Gott also wirklich glauben, dass er ein großes Interesse daran hat, uns die Angst abzunehmen und sie durch Lebensfreude ersetzen zu dürfen!

36

INTERVALLE STÄRKEN DIE EIGENWAHRNEHMUNG

Spielst du ein Instrument? Oder tanzt du gerne? Wenn du dich im Takt befindest und den Rhythmus halten kannst, hast du bei Musik und Tanz ein wichtiges Ziel erreicht. Das Wort Rhythmus ist ein musikalischer Ausdruck, aber es kann ebenso als regelmäßig wiederkehrende Sequenz von Ereignissen, Aktionen oder Prozessen definiert werden.

Beim musikalischen und beim sinnverwandten Rhythmus gibt es eine weniger offensichtliche Gemeinsamkeit, nämlich die Bewegung. Über den Rhythmus bleiben wir in Bewegung. Und was in Bewegung ist, hat die Trägheit überwunden und kann durch innere und äußere Impulse gesteuert werden.

Wie sieht das in deinem Leben aus: Bevorzugst du einen monotonen Rhythmus oder frische Impulse? Monotone Rhythmen sind mit der Komfortzone vergleichbar, während frische Impulse uns gezwungenermaßen in die Lern-, Wachstums- und Risiko-Zone schubsen. Die Abwechslung von schnellen und langsamen Rhythmen nennt man Intervalle. Und diese Intervalle können ganz schön unangenehm sein. Tempowechsel, die du selbst auslöst, empfindest du als weniger hart, denn du machst sie freiwillig. Doch nicht immer initiieren wir unsere Tempowechsel selbst – sie kommen auch oft von außen, und dann fühlen wir uns fremdgesteuert. Intervalle sind notwendig, damit wir uns weiterentwickeln. Beim Verharren in der Komfortzone erzielen wir keine Lerneffekte.

Verhaltensforscher haben bei der physiologischen Wirkung vom eigenen Rhythmus das Phänomen der «Synchronisation» herausgefunden. Ist dir schon mal aufgefallen, dass du unterwegs mit Musik auf den Kopfhörern bewusst oder unbewusst deine Schritte mit den Beats der Musik synchronisierst? Hast du schon mal von erfolgreichen Geschäftsleuten gehört, die Verhandlungen oder Strategiegespräche bei einem ausgedehnten Spaziergang führen? Beim gemeinsamen Gehen oder Laufen synchronisieren sich unsere Schritte, unsere Atmung und auch unsere Herzfrequenz. Im synchronen Zustand empfinden wir stärkere Harmonie. Dadurch besteht eine erhöhte Wahrscheinlichkeit, dass eine Einigkeit erzielt wird. Am wohlsten fühlen wir uns, wenn wir unser Tempo spontan wählen können.

Interessant ist die Tatsache, dass unsere Empfindung von Zeit durch Tempo und Rhythmus bestimmt wird. Unser Rhythmus im Alltag ist massiv beeinflusst von der Zeitkomponente. Je mehr Dinge wir in den Tag hineinpacken wollen, desto höher ist die Abfolge der Ereignisse und desto intensiver empfinden wir unseren Rhythmus. Deshalb ist es wertvoll, wenn du in deinem Alltag Zeiten einplanst, in denen du deinen Rhythmus selbst bestimmen kannst.

36. INTERVALLE STÄRKEN DIE EIGENWAHRNEHMUNG

Auch die Natur hat ihren Rhythmus. In den Regionen auf unserem Planeten, die alle vier Jahreszeiten kennen, können wir beobachten, wie die Bäume im Herbst ihre Blätter abwerfen. Sie schaffen damit die Voraussetzungen, damit im Frühling neue Blätter nachwachsen können. Auch wir Menschen sollten in regelmäßigem Rhythmus alte Dinge loslassen, damit wir die Hände frei haben, um Neues anpacken zu können.

Kennst du deinen Rhythmus? Wie viele Stunden Schlaf brauchst du? Welches Tempo passt zu dir? Zu welcher Tageszeit bist du in Hochform? Wie geht es dir, wenn du nach Langstreckenflügen einen Jetlag hast?

Gott hat die Welt von Anfang an mit einem Rhythmus erschaffen: «Solange die Erde besteht, soll es immer Saat und Ernte, Kälte und Hitze, Sommer und Winter, Tag und Nacht geben» (1. Mose 8,22). Gott hat auch das Leben von Anfang an mit einem Rhythmus erschaffen: «Da nahm Gott, der Herr, etwas Staub von der Erde, formte daraus den Menschen und blies ihm den Lebensatem in die Nase. So wurde der Mensch ein lebendiges Wesen» (1. Mose 2,7). Mit dem Lebensatem startete der Rhythmus unserer Atmung, des Herzschlags, der Organfunktionen, des Denkens, der Gefühle – und das alles, ohne dass wir bewusst etwas dafür tun müssten. Ein Teil der Gene im menschlichen Körper folgt Rhythmen, die kürzer sind als der Tagesrhythmus von 24 Stunden.

Forscher der University of Pennsylvania School of Medicine entdeckten zu ihrer Überraschung Gene, die alle zwölf und sogar alle acht Stunden von der inneren Uhr umgeschaltet werden. Bei anderen Zyklen, wie etwa der Körpertemperatur oder bei Müdigkeits- und Leistungskurven, ist eine Zwölf-Stunden-Rhythmik zu beobachten. Unter den menschlichen Organen ist die Leber in besonderer Weise auf Rhythmen angewiesen, da sie wichtige Stoffwechsel-Prozesse steuert, etwa die Verarbeitung der Nahrung. Stimmt die Rhythmik der Leber nicht mit der des Gehirns überein, wie etwa bei einem Jetlag, löst unser Körper zu unpassenden Zeiten Hungergefühle aus.

Wir alle verfügen über Gewohnheiten, Praktiken oder eben Rhythmen, die uns innerlich antreiben. Sie geben den Takt vor.

Den Rhythmus zu kontrollieren und zu lenken, kann uns in die Position bringen, vom Heiligen Geist gelenkt zu werden. Jesus war in seinem Alltag von Tausenden von Menschen umgeben, die ihn sehen und hören wollten. Viele wurden von ihm geheilt. Unter dieser großen Aufmerksamkeit hätte sein Tagesrhythmus eher fremdgesteuert als selbstbestimmt sein können. «Jesus aber zog sich immer wieder in die Einsamkeit zurück, um zu beten» (Lukas 5,16). Jesus hat diese Momente der Stille gesucht, um bei sich selbst anzukommen. Sein Erfolg hätte ihm leicht zu Kopf steigen können. Er wurde sich im Gebet gewiss, dass er alle Wunder einzig durch Gott den Vater zu wirken vermochte.

Unseren Rhythmus zu beeinflussen, hilft uns, unsere Eigenwahrnehmung zu stärken und unser Empfinden zu erhöhen, dass wir einen Erlöser brauchen. Das Bewusstsein, dass wir auf eine äußere Unterstützung angewiesen sind, verhilft uns zu einem ehrlicheren Selbstbild. Demut ist definitiv gesünder als Stolz und Hochmut.

Gibt es in deinem geistlichen Leben den Rhythmus des Bibellesens, des Gebets und der Gemeinschaft mit Gott und mit Glaubensgeschwistern? In der Bibel entdeckst du zum Beispiel den Rhythmus des Ruhetags. Er dient dazu, dass wir nicht aus dem Gleichgewicht geraten. Gott schenkt uns die Arbeit, aber er schenkt uns auch die Fähigkeit zum Genuss und zur Freude an dem, was uns gelungen ist.

Jeden Tag zu arbeiten und auf Leistung getrimmt zu sein, ist monoton und nicht schöpfungsgemäß. Die Arbeit zwecks Erholung zu unterbrechen, ist ein Intervall, das deine künftige Wirkung erhöht.

37

VERGLEICHEN MACHT UNGLÜCKLICH

Vergleichst du dich oft mit anderen? Fällt dir auf, wenn die Menschen in deinem Umfeld neue Frisuren oder neue Kleider tragen? Oder bist du in deinem Alltag ausschließlich auf dich konzentriert? Ein japanisches Sprichwort sagt: «Vergleichen ist ein guter Weg, um unglücklich zu sein.» Denn es spielt eine Rolle, aus welcher Perspektive und aus welchem Antrieb heraus du dich mit anderen vergleichst.

Vergleichen ist nicht nur schlecht.

Kinder lernen durch Imitieren. Sie schauen sich bei den Eltern oder den älteren Geschwistern ab, wie diese sich verhalten. Wenn in der Schule beim Sport eine mutige Person die Übung vorzeigt, fällt es den anderen leichter, sie nachzumachen. Selbst als Erwachsene mögen wir es, Vorbildern nachzueifern, zum Beispiel beim Lernen mittels YouTube-Tutorial-Filmen. Viele Menschen haben Idole, die sie respektieren und verehren und denen sie nacheifern. Vorbilder verkörpern das Idealbild, mit dem wir uns vergleichen und dem wir uns im Laufe der Zeit immer stärker annähern möchten.

Vergleichen ist auch im Sport sehr ausgeprägt. Beim Spiel oder bei Wettkämpfen messen wir uns gerne mit Kontrahenten. Wir vergleichen die Anzahl erzielter Tore, die schnellste Zeit, die perfekteste Übung. Besser zu sein im sportlichen Vergleich macht Spaß. Der Gewinner bedankt sich für den fairen Wettkampf, und ein sportlicher Verlierer schöpft aus einer Niederlage sogar die Kraft, sich zu verbessern.

Es gibt aber auch die ungesunde Art, sich zu vergleichen. Die persönlichen Motive sind dabei meistens getrieben von Ehrgeiz, Neid, Missgunst und Egoismus. Wer sich in einer Position der Minderwertigkeit, des Selbstmitleids oder einer Opferhaltung sieht, tendiert zur ungesunden Sorte des Vergleichens. Hier läuft es darauf hinaus, dass wir uns über andere Menschen erheben wollen. Wir suchen bei anderen so lange Fehler und Unzulänglichkeiten, bis wir unser finales Urteil über die Person gefällt haben. Fühlen wir uns minderwertig, bemühen wir uns in allen Lebensbereichen, so lange Menschen zu finden, die etwas besser können als wir, bis wir für jedes Detail einen Besserkönner aufzählen können. Damit holen wir uns die Bestätigung für unser Urteil, dass wir eben tatsächlich nicht genügen.

In einer Kultur, in der Menschen sich immerzu vergleichen, nimmt die Vereinheitlichung zu. Sei es bei den Kleidern, bei den Frisuren, bei den Schuhen, bei den Smartphones, bei den Autos, bei der Wohnungseinrichtung und auch beim Erscheinungsbild. So hat zum Beispiel in den letzten fünf Jahren die Anzahl an Schönheitsoperationen aus Lifestyle-Gründen stark zugenommen. Wer möchte sich schon gerne exponieren? Wer möchte schon negativ auffallen? Wer möchte schon abfallen im Quervergleich mit anderen? Also! ...

Wann hast du dich das letzte Mal über den Erfolg eines anderen mitgefreut? Erinnerst du dich an einen Moment, in dem du einem Mitschüler oder einem Arbeitskollegen gegönnt hast, dass ihm etwas so richtig gut gelungen ist? Wenn dein Selbstwert oder dein Selbstbild auf dem Vergleichen mit den Menschen in deinem Umfeld basiert, dann wirst und bleibst du unglücklich. Vergleichen ist das Ende des Glücks und der Anfang der Unzufriedenheit.

Willst du die negative Energie des ungesunden Vergleichens in deinem Leben zulassen? Wenn wir vor lauter Ehrgeiz oder Missgunst anderen Menschen nichts gönnen, stehlen wir ihnen vom Lob und von der Anerkennung, die ihnen zustehen. Entspricht das deiner Art, deiner Intention?

Jesus sagt in der Bibel, dass er das Leben in Fülle für alle von uns bereithält: «Der Dieb kommt, um zu stehlen, zu schlachten und zu vernichten. Ich aber bringe Leben - und dies im Überfluss» (Johannes 10,10). Die ganze Welt ist im üppigen Überfluss und in einer unvorstellbaren Vielfalt geschaffen. Es gibt mehr als 5500 Säugetierarten, 10.060 Vogelarten, 32.400 Fischarten sowie über 1 Million Insektenarten. Zusätzlich werden pro Jahr etwa 500 neue Tierarten entdeckt. Dasselbe Bild zeichnet sich in der Pflanzenwelt ab. Um nur ein Beispiel daraus zu nennen: Es gibt rund 5000 Kartoffelsorten und 30.000 Apfelsorten auf der Welt.

Auf unserem Planeten leben rund acht Milliarden Menschen. Jeder Mensch ist einzigartig, und kein Mensch ist genau gleich. Jeder Mensch ist im Ebenbild Gottes geschaffen worden. Allein das verleiht unserem Leben einen unglaublichen Wert. Gott liebt jeden Menschen, er hat jeden als Original und wunderbar gemacht. Unvorstellbar, aber es gibt von niemandem eine 1:1-Kopie.

Der Wert unseres Lebens wird nicht von den Vergleichen mit unserem Umfeld bestimmt, sondern davon, dass der allmächtige Gott uns geschaffen hat und uns seine Liebe zuspricht. Er wünscht sich, uns einen Selbstwert zu verleihen, der uns nicht von der Meinung anderer Menschen abhängig macht.

In der Bibel ist der Kampf mit dem Vergleichen wirklich treffend beschrieben: «Ich aber wäre beinahe gestrauchelt; es fehlte nicht viel, und ich wäre zu Fall gekommen. Denn ich beneidete die überheblichen Menschen: Ihnen geht es so gut, obwohl Gott ihnen gleichgültig ist. Ihr Leben lang haben sie keine Schmerzen, sie strotzen vor Gesundheit und Kraft. Wie ein Schmuckstück tragen sie ihren Stolz zur Schau, ja, sie prahlen sogar mit ihren Gewalttaten. Mit Verachtung schauen sie auf andere herab und verhöhnen sie, mit zynischen Worten setzen sie jeden unter Druck. Selbstsicher und sorglos leben sie in den Tag hinein, ihr Vermögen und ihre Macht werden immer größer» (aus Psalm 73).

Doch wie kommen wir vom ungesunden Vergleichen weg? Wenn du auf Gott schaust, hast du die Chance, aus dieser endlosen Schönheits- oder Erfolgskonkurrenz auszusteigen. Warum? Weil Gott es dir vormacht. Er wird dich niemals mit anderen vergleichen. Er hält dich für einmalig, mit deinen Stärken und auch mit deinen Schwächen. Und er liebt dich so, wie du bist, und nicht, wie andere dich gerne haben möchten. «Passt euch nicht den Maßstäben dieser Welt an, sondern lasst euch von Gott verändern, damit euer ganzes Denken neu ausgerichtet wird» (Römer 12,2). Dich selbst nicht mehr in Konkurrenz und im vergleichenden Wettbewerb sehen zu müssen, ist ein Prozess, bei dem Gott dir helfen wird. Das birgt ein unglaubliches Potenzial an Freiheit.

Jesus nachzueifern kann auch bedeuten, dass du beginnst, seine wertschätzenden, liebevollen Gedanken über dich nicht nur anzunehmen, sondern auch zu übernehmen.

38

SICH IN ANDERE HINEINVERSETZEN

Streitest du gerne? Oder bist du eher harmoniebedürftig? Fällt es dir leicht, nach einer Auseinandersetzung wieder auf die involvierten Personen zuzugehen?

Konflikte ereignen sich sehr selten aus heiterem Himmel. Meistens bauen sie sich über eine längere Zeit auf: Aus Meinungsverschiedenheiten werden Auseinandersetzungen, die dann in Streit oder einem Konflikt eskalieren.

Wenn sich die Möglichkeit bietet, einen Konflikt schon im Entstehen zu verhindern, so sollten wir uns ernsthaft darum bemühen. Denn Konflikt ist kein Ziel. Endlose Konflikte ohne Aufarbeitung sind niemals konstruktiv. Sie zerstören Gefühle, Selbstwert, Beziehungen, Freundschaften, Familien, Staaten. Im zwischenmenschlichen Bereich sorgen ungelöste Konflikte dafür, dass die Gesundheit leidet. Menschen fallen durch Meinungsverschiedenheiten, Widersprüche und Ablehnung in Ängste, Sorgen oder andere emotionale Löcher, die je nach Heftigkeit zu Depressionen führen können.

Ist ein Streit erst mal losgetreten, beginnen sich beide Parteien gegenseitig Vorwürfe zu machen, wer damit begonnen hat. Die Suche nach einem Schuldigen aber ist vergangenheitsorientiert. Es ist nicht von Interesse, wer angefangen hat, sondern wer zuerst eine Lösung sucht bzw. wer zuerst mit den Aggressionen aufhört.

Bei Konflikten liegt die Ursache fast ausschließlich im drohenden Verlust der menschlichen Grundbedürfnisse: Sicherheit, wirtschaftliches Auskommen, Zugehörigkeitsgefühl, Anerkannt-Sein, Selbstbestimmung.

Wenn du Konflikte verhindern oder lösen willst, findest du den Schlüssel darin, dich in die Lage des Gegenübers zu versetzen und seine Interessen zu verstehen. Wie du die Welt siehst, hängt davon ab, wo du stehst.

Menschen haben die Eigenart, nur das zu sehen, was sie sehen wollen (selektive Wahrnehmung). Deine eigenen Vorstellungen bestimmen die Auswahl der Dinge, die du siehst, und sehr oft wollen wir nur sehen, was unsere früheren Annahmen bestärkt. Was unsere Vorstellung in Frage stellt, lassen wir stattdessen außer Acht oder deuten es falsch. Die Fähigkeit, eine Situation auch von der anderen Seite her zu sehen, ist eine der wichtigsten Fertigkeiten für jeden, der verhandelt.

Die Erkenntnis, dass jemand die Sache anders sieht, reicht nicht für eine Lösung. Wir müssen uns auch gegenüber der Stärke des Standpunktes öffnen und die emotionale Macht erfühlen, mit der die Gegenseite daran hängt. Die höchste Kunst des Verhandelns besteht darin, sein eigenes Urteil für einige Zeit zurückzustellen und sich ganz der anderen Sicht zuzuwenden. Die anderen glauben genauso an ihren «richtigen» Standpunkt wie wir an den unseren. Den Standpunkt der anderen zu verstehen, heißt noch lange nicht, damit einverstanden zu sein. Sich auf den Standpunkt des Gegenübers einzulassen, bringt uns selbst weiter. Ein besseres Verständnis des Standpunktes der anderen kann mitunter auch unsere eigene Sicht der Dinge verändern. Es lohnt sich, einen Schritt aufeinander zuzugehen und seine eigene Sicht der Dinge von einem anderen Standpunkt aus zu betrachten.

?

Was braucht es aus deiner Sicht, um Auseinandersetzungen und Streit nicht ausarten zu lassen? Wie gelingt es, als neutrale Person in einem Konflikt zu vermitteln, ohne selbst hineingezogen zu werden? Ist es Gelassenheit, ist es Erfahrung, oder ist es die Fähigkeit, sich in andere hineinzuversetzen?

Es gibt in der Bibel legendäre Geschichten, die wie Leuchttürme herausragen und selbst bei wiederholtem Lesen immer noch Bewunderung auslösen. Eine davon berichtet von König Salomos besonderer Weisheit. Eines Tages kamen zwei Prostituierte zum König. Beide Frauen lebten im selben Haus und hatten zur gleichen Zeit ein Kind bekommen. Die eine Frau legte sich versehentlich im Schlaf auf ihr Kind und erdrückte es. Mitten in der Nacht, als sie es bemerkte, nahm sie das Kind der schlafenden Mitbewohnerin und legte ihr stattdessen das tote Kind in die Arme. Am nächsten Morgen wollte die nichtsahnende Frau ihr Kind stillen und merkte, dass es tot war. Sie entdeckte, dass es gar nicht das Kind war, das sie geboren hatte. Beide zankten sich vor dem König.

«Da sagte Salomo: ‹Ihr streitet euch also darum, wem das lebende Kind gehört. Beide sagt ihr: Der Junge, der lebt, gehört mir, der tote ist deiner.› Dann befahl er: ‹Bringt mir ein Schwert!› Als man die Waffe gebracht hatte, gab Salomo den Befehl: ‹Teilt das lebendige Kind in zwei gleiche Teile und gebt dann jeder der beiden Frauen eine Hälfte!› Als die wirkliche Mutter des Jungen das hörte, brach es ihr schier das Herz, und sie bat den König: ‹Bitte, Herr, tötet das Kind nicht, ich flehe Euch an! Lieber soll sie es bekommen!› Die andere aber sagte: ‹Doch, zerschneidet es nur, es soll weder mir noch dir gehören!› Da befahl der König: ‹Tötet den Säugling nicht, sondern gebt ihn der Frau, die ihn um jeden Preis am Leben erhalten will, denn sie ist die Mutter!›» (1. Könige 3,23–27).

Ist es nicht brillant, wie Salomo sich in die Situation der beiden Frauen hineinversetzen konnte? Auseinandersetzungen und Streit zu schlichten ist aufwändig und mühevoll. Erfolge beim Vermitteln zwischen Kontrahenten stellen sich in der Regel nur in kleinen Schritten ein. Umso wichtiger ist es, sich gar nicht erst provozieren und Meinungsverschiedenheiten nicht eskalieren zu lassen. «Lass dich nicht auf törichte und nutzlose Auseinandersetzungen ein. Du weißt ja, dass sie nur zu Streit führen», rät Paulus im Neuen Testament (2. Timotheus 2,23). Eine gesunde Portion Gelassenheit oder ein paar kräftige, tiefe Atemzüge wirken in angespannten Situationen immer wieder Wunder.

Würde die Bibel so umfassend über Auseinandersetzungen und Konflikte berichten, wenn Streit nicht auch unter Jesus-Nachfolgern stattfände? Die individuelle Persönlichkeit der sich gegenüberstehenden Menschen spielt in jedem Fall eine entscheidende Rolle: «Wer überheblich ist, zettelt Streit an; der Kluge lässt sich etwas sagen» (Sprüche 13,10). Leider bleibt es im Streitfall oftmals nicht bei der Meinungsverschiedenheit: «Wo Neid und Streitsucht herrschen, da gerät alles in Unordnung; da wird jeder Gemeinheit Tür und Tor geöffnet» (Jakobus 3,16). Glücklicherweise liefert die Bibel gleich auch das Erfolgsrezept gegen Konflikte mit: «Hass führt zu Streit, aber Liebe sieht über Fehler hinweg» (Sprüche 10,12).

So wie Licht die Dunkelheit besiegt, gewinnt die Liebe über den Streit. Sie kann über Fehler hinwegsehen, kann vermitteln, kann verbinden, kann Raum schaffen und kann heilen. Es lohnt sich, in der «Kunst des Liebens» zu den fleißigsten Studenten zu gehören!

39

IM HIER UND JETZT LEBEN

Ist heute ein Fotoalbum-Tag? Wenn dein Leben ein Fotoalbum wäre, das du mit deinen Erlebnissen, deiner Außenwirkung, deinen Taten, deinen Erfahrungen, deinem Umgang mit anderen Menschen gestalten müsstest, wie würden die Seiten mit den von heute stammenden Eindrücken aussehen? Hast du die heutigen Erlebnisse festgehalten, oder bist du mit deinen Gedanken eher in der Vergangenheit oder bereits in der Zukunft unterwegs?

Hattest du auch schon mal das Gefühl, dass du eine Strecke mit dem Fahrrad oder mit dem Auto gefahren bist, ohne aufmerksam gewesen zu sein? Wann hast du das letzte Mal in den guten alten Zeiten geschwelgt? Wie oft liegst du wach in der Nacht und findest keinen Schlaf, weil du dich fragst, was die Zukunft wohl bringt? Passiert es dir, dass du mit überhöhter Geschwindigkeit durchs Leben rast und du kaum Zeit hast, den Moment zu genießen?

Was in solchen Situationen in unserem Gehirn passiert, ist vergleichbar mit einem Spaziergang unserer Gedanken. Sie wandern in die Vergangenheit und in die Zukunft. An andere Orte, zu anderen Situationen. Die Gedanken sind dann überall - nur nicht im Hier und Jetzt.

Vielfach sind solche Gedankenspaziergänge nicht schlimm. Besonders dann nicht, wenn wir im Wohnzimmer oder in einem Restaurant sitzen und dabei Löcher in die Luft starren. Je nach Situation kann die innere Abwesenheit aber auch peinlich werden oder wie im Straßenverkehr verheerende Folgen haben.

Möglicherweise fragst du dich jetzt: Kann ich denn gar nichts dafür tun, präsenter zu sein? - Doch, das kannst du!

Präsenz ist eine Eigenschaft, die erfolgreiche Menschen auszeichnet. Wirklich da zu sein und in der Gegenwart zu leben, ist eine Stärke. Präsenz bedeutet: Du bist mit voller Konzentration bei der Sache, etwas ist für dich wertvoll genug, deine Zeit dafür zu verwenden. Du gibst einer Person in deinem Umfeld deine volle Wertschätzung, wenn du präsent bist und nicht dauernd abschweifst. Wenn du merkst, dass du Mühe hast, den Augenkontakt zu halten, dann entledige dich unnötiger Ablenkungen. Zum Beispiel, indem du das Smartphone während eines Gesprächs weglegst.

Präsenz ist nicht nur Achtung vor den anderen, sondern auch Achtung vor dir selbst. Wenn du zulässt, dass deine Gedanken umherschweifen, dann bist du nicht konzentriert, weder dort noch hier. Dann entgeht dir vieles, was sich deiner Wahrnehmung entzieht. Vieles, was den Augenblick spannender und interessanter gestalten könnte. Und letztlich vieles, was zu Ideen und Kreativität führen würde. Denn in der Gegenwart hast du Gestaltungsmöglichkeiten. Beim Abschweifen in die Vergangenheit oder in die Zukunft kannst du nichts verändern, weil du jetzt gerade ja nicht dort bist. Sei präsent und gestalte konsequent deine Gegenwart; damit schaffst du beste Voraussetzungen für deine erfolgreiche Zukunft!

Erich Kästner hat einmal gesagt: «Es gibt nicht nur die ewig Gestrigen, es gibt auch die ewig Morgigen.» - Kannst du dich einer der beiden Sorten Mensch zuordnen? In welchen Situationen fühlst du dich ganz «da», komplett im Hier und Jetzt?

Seit Generationen beschäftigt sich die Menschheit mit folgenden grundlegenden Fragen: Woher komme ich? Wozu bin ich hier? Wohin gehe ich? Also mit Vergangenheit, Gegenwart und Zukunft. Für jeden dieser Zeitabschnitte gibt es in der Bibel eine ganze Menge Aussagen, die voll ins Schwarze treffen.

An der Vergangenheit können wir nichts verändern, deshalb sagt die Bibel: «Bleibt nicht bei der Vergangenheit stehen!» (Jesaja 43,18). Und wenn du schon an früher denkst, dann «schau doch nur auf die früheren Generationen, und achte auf die Weisheit unserer Väter» (Hiob 8,8). Wenn es dir gerade nicht so gut geht, dann «frag nicht: ‹Warum war früher alles besser?› Damit zeigst du nur, wie wenig Weisheit du besitzt» (Prediger 7,10). Sondern besinne dich auf deine Erfahrungen mit Gott: «Ich denke zurück an früher, an das, was du damals getan hast, und halte mir deine großen Taten vor Augen» (Psalm 143,5).

Wenn dich Negatives aus der Vergangenheit runterziehen will, komm auf die Siegerseite: «Unser früheres Leben endete mit Christus am Kreuz. Unser von der Sünde beherrschtes Wesen ist damit vernichtet, und wir müssen nicht länger der Sünde dienen» (Römer 6,6). Du bist aufgefordert, den Wert der Gegenwart zu schätzen, weil Gott unsere Zeitreise im Griff hat: «Himmel und Erde bestehen bis heute, weil du es so willst, denn dir muss alles dienen» (Psalm 119,91).

Die Empfehlung für dich ist, das Optimum aus der Gegenwart herauszuholen: «Vertröste [...] nicht auf morgen, wenn du heute helfen kannst!» (Sprüche 3,28). Denn Menschen mit hoher Präsenz und dienstleistungsorientierter Außenwirkung sind «das Licht, das die Welt erhellt» (Matthäus 5,14). Gott sorgt heute für uns: «Gib uns auch heute, was wir zum Leben brauchen» (Matthäus 6,11), bitten wir im Vaterunser. Gott möchte, dass wir die Gegenwart erleben können und nicht bereits auf den nächsten Tag schauen: «Deshalb sorgt euch nicht um morgen – der nächste Tag wird für sich selber sorgen! Es ist doch genug, wenn jeder Tag seine eigenen Schwierigkeiten mit sich bringt» (Matthäus 6,34).

Du darfst entspannt in die Zukunft blicken: «Du, HERR, bist alles, was ich habe; du gibst mir, was ich zum Leben brauche. In deiner Hand liegt meine Zukunft» (Psalm 16,5). Gehörst du zu den Menschen, die aus Angst vor der Zukunft oder aus Gier handeln? «Häuft in dieser Welt keine Reichtümer an! Sie werden nur von Motten und Rost zerfressen oder von Einbrechern gestohlen! Sammelt euch vielmehr Schätze im Himmel, die unvergänglich sind und die kein Dieb mitnehmen kann. Wo nämlich euer Schatz ist, da wird auch euer Herz sein» (Matthäus 6,19–21). Gott möchte uns Gelassenheit schenken für unser Leben. Damit ist nicht gemeint, kopflos vor dich hinzuleben, aber ihm zu vertrauen: «Ja, HERR, du bist auch in Zukunft für mich da, deine Gnade hört niemals auf!» (Psalm 138,8).

Glaubst du, in deinem Leben alles, inklusive dein Schicksal, selbst bestimmen zu können? «Brüste dich nicht mit dem, was du morgen tun willst, denn du weißt nicht, was der Tag dir bringt!» (Sprüche 27,1). Es gibt aber auch keinen Grund, sich vor der Zukunft zu fürchten: «Denn ich bin der HERR, dein Gott. Ich nehme dich an deiner rechten Hand und sage: Hab keine Angst! Ich helfe dir» (Jesaja 41,13).

Alle drei Zeitabschnitte haben einen Wert: Aus der Vergangenheit können wir lernen, die Gegenwart können wir erleben und prägen, und gleichzeitig dürfen wir auch schon Weichen für die Zukunft stellen und diese Zukunft aktiv zu gestalten versuchen. In alledem ist dir Jesu Präsenz sicher: «Jesus Christus ist und bleibt derselbe, gestern, heute und für immer» (Hebräer 13,8).

40

TEMPERAMENTVOLL ODER AUSDRUCK VON SCHWÄCHE?

Zählst du dich zu den impulsiven Menschen? Bist du stolz auf dein glühendes Temperament? Wann bist du das letzte Mal so richtig «eskaliert»? Genau, es gibt Momente, in denen man die Selbstbeherrschung verliert. Manchmal ist es einfach genug, und dann platzt vielen nun mal der Kragen. Ein einziger Satz, eine einzige impulsive Reaktion kann weitreichende Folgen haben. Im Extremfall kann es in Beziehungen zur Trennung, im schulischen oder beruflichen Umfeld zu persönlichem oder finanziellem Desaster und in der Gesundheit zu massiven körperlichen Beeinträchtigungen führen.

Es lohnt sich, etwas genauer hinzuschauen. Niemand hat Respekt vor Menschen, die herumschreien, die ausrasten oder eingeschnappt sind, und ebenso wenig vor solchen, die sich im Ton vergreifen. Jegliche Sympathie geht damit sehr schnell verloren. Da nützt es nichts, damit anzugeben, wie impulsiv und temperamentvoll du bist. Impulsives Verhalten ist keine Frage von vorhandenem Temperament, sondern von fehlender Selbstkontrolle. «Ich bin halt so!» ist in diesem Fall eine Ausrede.

Eine stärkere Selbstkontrolle hat nichts zu tun mit Gleichgültigkeit oder Emotionslosigkeit. Es geht vielmehr darum, mit einem hohen Bewusstsein seine Reaktionen zu kontrollieren und deren Heftigkeit zu dosieren.

Der amerikanische Ingenieur und Psychologe Louis Thurstone formuliert es treffend: «Impulsive Reaktionen zu kontrollieren, ist ein zentrales Merkmal erfolgsintelligenter Menschen.» Der Hauptverantwortliche dafür sitzt außerhalb deines bewussten Einflussbereichs. Unser Mandelkern im Hirn, die Amygdala, ist nämlich zuständig für die ganz großen Gefühle: Sowohl für Liebe, Begeisterung und Freude als auch für Angst, Wut, Ärger, Zorn und Hass. Je mehr wir unkontrollierte Ausbrüche zulassen, desto mehr speichert das Gehirn diese unreflektierten und impulsiven Verhaltensmuster ab. Auf diese Weise kann ein chronisches Verhalten entstehen.

40. TEMPERAMENTVOLL ODER AUSDRUCK VON SCHWÄCHE?

Hast du genug von deinen Ausbrüchen? Dann kannst du das ändern. Hör zuerst damit auf, dich zu rechtfertigen mit: «Ich bin halt so!», oder mit: «Der andere hat mich gereizt!». Danach übe dich immer wieder darin, deine Reaktionen zu kontrollieren. Jedes Mal, wenn du dich zwingst, anders zu reagieren, lernt dein Gehirn und legt neue Verbindungen an, die zu starken Strängen zusammenwachsen. Damit entsteht ein souveränes Verhaltensprogramm, das auch unbewusst abgerufen wird.

Hast du eine tiefe Hemmschwelle? Gehörst du jeweils zu den Ersten, die sich zu einer Frage oder einem Thema äußern? War es dir auch schon peinlich oder unangenehm, dass du dich vor allen geäußert hast, ohne vorher lange zu überlegen?

Egal, ob du bewusst oder unbewusst drauflosredest: Was aus dir herausplatzt, hat eine nicht zu unterschätzende Wirkung. Achte folglich auf deine Zunge: Deine Zunge hat keine Knochen, und trotzdem kann sie Herzen zerschlagen. Deine Zunge hat keine scharfen Kanten, und trotzdem kann sie tiefe Verletzungen hinterlassen.

Auch die Bibel bedient sich, selbst in modernen Übersetzungen, der poetisch bildhaften Sprache: «Ihre Zungen sind scharf geschliffene Schwerter, und ihre bissigen Worte verletzen wie Pfeile» (Psalm 64,4). Damit wir die Menschen in unserem Umfeld nicht verletzen und keine negativen Konsequenzen verursachen, ist es ratsam, unsere Impulsivität im Griff zu haben: «Wer schnell aufbraust, ruft Streit hervor; und ein Jähzorniger lädt viel Schuld auf sich!» (Sprüche 29,22). Wenn es positiv und wertschätzend aus uns heraussprudelt, hat höchstwahrscheinlich kaum jemand ein Problem damit.

Die Herausforderung bei den Temperaments-Ausbrüchen ist der überwiegend negative oder zornige Inhalt der Aussagen: «Wer verächtlich über seinen Mitmenschen herzieht, hat keinen Verstand. Ein vernünftiger Mensch hält seine Zunge im Zaum» (Sprüche 11,12). Wenn du dich angesprochen fühlst und dich besser in den Griff bekommen willst, kannst du dich darin trainieren.

Petrus war der wohl temperamentvollste Jünger von Jesus. Petrus hatte viele Gesichter. Er war stark, redete drauflos, handelte oft unbedacht, war ein Glaubensheld und ein erbärmlicher Feigling, und er war ein herzensguter Lebemensch. Jesus startete sein Trainingsprogramm für Petrus mit einem Zielbild: «Du bist Simon, der Sohn von Johannes. Von jetzt an sollst du Petrus heißen! Das heißt übersetzt ‹Fels›» (Johannes 1,42). Das war mehr als ein Spitzname. Jesus hat ihm diesen Namen praktisch als Ehrentitel verliehen. Er hat ihm damit eine neue Identität verliehen, und zwar schon lange bevor er mit ihm am Ziel angekommen war. Jesus hat an diesem Petrus festgehalten. Er hat in ihm immer schon den gesehen, der einmal aus der eigenen Persönlichkeit herauswachsen und über sich hinauswachsen würde. Er würde ein Fels werden; einer, auf den andere setzen. Einer, auf den ganze Gemeinden bauen.

Als was möchtest du dich sehen? Und welche Identität würde Jesus dir wohl verleihen?

Die Energie hinter deinem Temperament und deiner Impulsivität kann Jesus bestens gebrauchen, um sie wohldosiert in deine neue Außenwirkung zu investieren. Wenn du der Ton bist und er dein Töpfer sein darf – dann wird es spannend!

41

MR. & MRS. ASAP!

In einem Klima von Druck, Forderungen und womöglich *Überforderungen* zu leben oder zu arbeiten, ist enorm anspruchsvoll. Fordernde Chefs, Eltern oder Lebenspartner setzen ihre Umgebung unter psychischen Dauerdruck. Du kannst dich auch selbst mit deiner strengen Selbstdisziplin auf diese Weise anpeitschen. In einem leistungsorientierten Umfeld sind die Dinge unverzüglich anzupacken, und damit es schneller geht, werden oftmals die Aufgaben im gegenseitigen Wettbewerbsverfahren verteilt. Die Anforderung an die Erledigung erhält mit der Abkürzung «Asap:» - das bedeutet: «as soon as possible» («so bald wie möglich») - einen eindrücklichen Zeitstempel.

In einem Asap-Umfeld herrschen extrem hohe Leistungsstandards. «Bitte», «Danke» und «Gut gemacht» sind inexistent im Vokabular. Einer anderen Tätigkeit nachzugehen, früher zu gehen oder Aufgaben nicht gleich zu erledigen, löst unweigerlich Schuldgefühle gegenüber den anderen in der Familie oder im Büro aus. Die Folge sind Menschen, die sich nicht mehr frei mit ihren eigenen Fähigkeiten und Ansichten einbringen, sondern permanent beschäftigt sind oder so tun - zur Zufriedenheit von Mr. & Mrs. Asap. Kreativität weicht Beflissenheit, und offene Diskussionen auf Augenhöhe ersticken im Keim.

Möchtest du so leben oder arbeiten? Falls nicht, gibt es einige hilfreiche Tipps im Umgang mit Mr. & Mrs. Asap. Eines müssen wir vorweg noch klären: Dein Chef, deine Eltern oder dein Lebenspartner sind Schlüsselfiguren, die nicht grundlos in deinem Leben sind. Wenn du nicht Beziehungen zerstören willst, dann solltest du dich mit ihnen arrangieren. Das bedeutet aber nicht, dass du alles durchgehen lassen musst, sondern bestimmte Grenzen setzen darfst.

Erstens ist es wichtig, dass du dich nicht unter Druck setzt. Auch wenn du dich so fühlen solltest: Der Erfolg eines Projekts, einer Unternehmung, einer Familie, einer besseren Zukunft lastet nicht allein auf deinen Schultern.

Zweitens hilft es, wenn du dir Zeit für Entscheidungen nimmst. Falls du dich durch kurzfristige Aufträge oder Entscheidungen überrumpelt fühlst, verlange ruhig und höflich nach einer kurzen Bedenkzeit. Damit heißt der Termin nicht mehr «Asap», sondern du bestimmst, bis wann du den Auftrag erfüllen kannst.

Drittens solltest du den Mut aufbringen, Eigenaktivität einzufordern. Wenn dich jemand unter Druck setzt, dann bitte umgehend um Unterstützung von dieser Person. Meistens hat der Auftraggeber eine Vorstellung, wie er es gerne hätte, oder Erfahrungen, wie etwas effektiver erledigt werden kann.

Viertens: Sage nicht Nein, aber verweise an die kompetente Stelle. Du musst dir nicht alles aufbürden lassen, und du bist nicht in jedem Bereich die beste Ansprechperson. Zeige deine Grenzen auf und verweise auf alternative Lösungen.

Fünftens: Lass die fordernde Person deine Prioritäten setzen. Wenn du bereits alle Hände voll zu tun hast, dann lege offen, was alles auf deiner To-do-Liste steht, und bitte um Mithilfe und Verantwortung bei der Priorisierung.

Sechstens: Fordere Feedback ein. Insbesondere dann, wenn du selten Lob und Anerkennung erhältst: Bitte aktiv um eine Rückmeldung zu deiner Arbeit oder deinem Verhalten. Damit wirst du mit psychischem und arbeitstechnischem Druck und auch mit Termindruck besser umgehen lernen.

Übrigens sind es meistens die negativen Erfahrungen mit Asap-Chefs, die uns anspornen, es anderen gegenüber selbst einmal besser zu machen.

Ob Zeitdruck, Leistungsdruck oder die Anforderung, hohe Erwartungen zu erfüllen, immer parat zu sein, immer perfekt zu sein, nie erschöpft zu reagieren und nie zu scheitern: Wie gehst du konkret damit um, wenn jemand zu viel von dir verlangt?

Wir leben in einer ausgeprägt leistungsorientierten und dauerbeschäftigten Welt. Erfolg wird über steigende Verkaufszahlen und Gewinnwachstum definiert. Dieses Verhalten ist nicht wirklich neu. Zu biblischen Zeiten ging es vor allem noch stark um existenzielle Grundbedürfnisse, doch der Wunsch nach mehr war damals schon ausgeprägt: «Der Mensch müht sich ab sein Leben lang, nur um genug zum Essen zu haben, doch nie wird sein Verlangen gestillt» (Prediger 6,7). Wir können uns dem nur schwer entziehen.

Menschen gehen unterschiedlich mit Drucksituationen um. Manche leisten jederzeit, was von ihnen gefordert wird. «Kopf runter und noch schneller arbeiten», so lautet ihre Devise. Andere entfliehen der Situation oder bekämpfen sie. Egal, welche Reaktion wir wählen: Unter Stress tendieren die meisten von uns dazu, sich auf die eigene Person und die eigenen Lösungsansätze zu fokussieren, anstatt externe Hilfe anzunehmen.

Die Bibel gibt hilfreiche Hinweise zu einem alternativen Verhalten in Asap-Situationen: «Wenn du keinen Ausweg mehr siehst, dann rufe mich zu Hilfe! Ich will dich retten, und du sollst mich preisen» (Psalm 50,15). Damit ist ein Versprechen auf übernatürliche Hilfe verbunden, ja du sollst sogar bisher unbekannte Eingebungen geschenkt bekommen: «Rufe zu mir, dann will ich dir antworten und dir große und geheimnisvolle Dinge zeigen, von denen du nichts weißt!» (Jeremia 33,3).

Unter Druck fühlen wir uns überrumpelt und von externen Erwartungen gesteuert. Allein aufgrund der eigenen Emotionen-Vielfalt zu entscheiden, ist ein schlechter Rat. So wie es hilft, zuerst einmal tief durchzuatmen und sich Zeit für Entscheidungen zu nehmen, so ratsam ist es, zuerst einmal zu beten. Damit wird aus Asap nicht «as soon as possible», sondern «always say a prayer»: «Hört niemals auf zu beten» (1. Thessalonicher 5,17), rät die Bibel. Du musst dir nicht alles aufladen lassen. Wenn du glaubst, dass Gott dir helfen kann und es auch tun wird, gibst du eine Menge der auf dir lastenden Verantwortung an eine höhere Stelle ab. Das wirkt befreiend, und du fühlst dich nicht mehr alleine. Außerdem hat Gott die Macht, um Situationen und Menschen in deinem Alltag zu verändern.

«As soon as possible» setzt dich unter enormen Druck und beeinträchtigt über eine lange Dauer deine Leistungsfähigkeit. «Always say a prayer» befreit dich und stärkt dich bei allem, was du tust. Kannst du dir vorstellen, wie es wäre, Jesus als deinen Chef zu haben? Jesus sagt: «Kommt alle her zu mir, die ihr euch abmüht und unter eurer Last leidet! Ich werde euch Ruhe geben. Vertraut euch meiner Leitung an und lernt von mir, denn ich gehe behutsam mit euch um und sehe auf niemanden herab. Wenn ihr das tut, dann findet ihr Ruhe für euer Leben. Das Joch, das ich euch auflege, ist leicht, und was ich von euch verlange, ist nicht schwer zu erfüllen» (Matthäus 11,28–30). In einer etwas moderneren Sprache könnte man die Stelle mit dem Joch wohl anders übersetzen: «Die Aufgaben, die ich euch gebe, sind leicht, und was ich von euch verlange, ist nicht schwer zu erfüllen.»

Jesus als Chef? Das ist gar nicht so weit hergeholt. Er möchte sehr gerne Chef von deinem Leben sein. Er ist liebevoll, hilfsbereit, zielorientiert, geduldig, erfahren und von Herzen demütig. Von seinem Vorbild können Chefs, Eltern oder Lebenspartner noch so einiges lernen.

42

EINEN GUTEN RIECHER HABEN

Wie steht es um deine Sinnesorgane? Wie sensibel bist du für das, was um dich herum passiert? Die Sinnesorgane sind deine Verbindung zur Außenwelt. Gut funktionierende Sinnesorgane sind Lebensqualität pur. Sie geben unserem Gehirn laufend Informationen. Der enge Zusammenhang zwischen Sinnesorganen und Nervensystem kann zu Beeinträchtigungen führen, zum Beispiel durch eine einfache Reizüberflutung. Es kann aber auch eine Verkümmerung eintreten, wenn wir unsere Sinne vernachlässigen oder überbeanspruchen.

Hast du gewusst, dass es unter Biologen umstritten ist, wie viele Sinne der Mensch hat? Einigkeit herrscht über die sechs bekannten Sinne: Sehen, Riechen, Schmecken, Hören, Fühlen und den Gleichgewichtssinn. Die moderne Forschung geht aber von bis zu dreizehn Sinnen aus. Zu den erweiterten Sinnen gehören das Wahrnehmen von Bewegungen, das Temperaturempfinden und die Selbstwahrnehmung, die uns Körperbewegungen und die Lage von Körperteilen im Raum erfassen lässt. Auch Zeitwahrnehmung und Schmerzempfinden werden von manchen Biologen zu den Sinnen des Menschen gezählt. Ebenso klassifizieren einige Wissenschaftler die Wahrnehmung der inneren Organe, die uns vor Hunger oder Durst warnen, als Sinne.

Intakte Sinnesorgane sind für die Entwicklung unserer Persönlichkeit enorm wichtig. Je mehr wir mit den Impulsen dieser Rezeptoren umgehen können, desto stärker sind wir für unser Umfeld präsent. Was wir aus den gewonnenen Informationen machen, führt uns aus dem Mittelmaß in die Weltklasse.

Der Geruchssinn ist der komplexeste chemische Sinn des Menschen. Ein Mensch besitzt rund dreißig Millionen Riechzellen, mit denen wir bis zu zehntausend Gerüche unterscheiden können («Zeit online» spricht neuerdings sogar von einer Billion Gerüche!). Unser Geruchsempfinden ist derart eng mit den im Gehirn erfassten Informationen verbunden, dass Gerüche lebenslang in Erinnerung bleiben. Interessant ist, dass gewisse Gerüche unbewusst wahrgenommen werden. Dem Riechen können wir uns kaum entziehen. Wir müssen gezwungenermaßen weiteratmen. Und genau das ist der Grund, weshalb Duftmarketing von vielen Menschen als extrem manipulativ empfunden wird.

Riechen hat einen besonderen Stellenwert unter den Sinnen. Es heißt ja nicht umsonst: «Einen guten Riecher haben für Erfolg.» Oder: «Ich kann diesen Typen nicht riechen.» Übrigens kommt dieses Sprichwort nicht von ungefähr. Bei der Partnerwahl spielt der Geruch eine entscheidende Rolle, ebenso wie der Wohlgeruch eines frischgeborenen Babys, der unsere Zuneigung verstärkt. Amerikanische Forscher haben über Schnüffeltests herausgefunden, dass wir das Alter anderer Menschen über den Geruch bestimmen können. Denn jedes Alter hat seine ganz bestimmte Duftkombination.

Wie sorgst du dafür, dass du als ein «dufter Typ» wahrgenommen wirst? «Dufte» ist ein umgangssprachliches Adjektiv und meint: ausgezeichnet, großartig, erstklassig, prächtig. Wenn jemand dufte ist, so empfinden wir diese Person als schön, ansehnlich und attraktiv. Das Zusammensein mit einer duften Person bereitet Freude und Spaß.

Eine hier vielleicht überraschende Frage: Gehörst du zu den Menschen, die an die Kraft von Steinen oder Symbolen glauben? Was empfindest du, wenn Menschen religiöse Figuren und Gegenstände bei sich aufstellen (etwa im Schaufenster eines asiatischen Restaurants oder einer europäischen Mode-Boutique)?

Lebewesen haben Sinnesorgane. Materie aus Stein, Metall, Glas oder Holz hat keine. Genau deshalb ruft Gott uns Menschen zur Besinnung auf, dass wir nicht tote Götzenfiguren anbeten: «Mit ihren Ohren hören sie nicht, und mit ihren Nasen riechen sie nichts» (Psalm 115,6). Der Herr ist ein eifersüchtiger Gott, und er möchte unsere Aufmerksamkeit nicht mit anderen teilen.

Gott hat dir Sinnesorgane geschenkt, die in ihrer Gesamtheit außergewöhnlich ausgewogen und aufeinander abgestimmt sind. Jedes Organ hat seine Funktion und seine Berechtigung. Sie ermöglichen dir ein selbstständiges Leben. Keines der Sinnesorgane ist besser als das andere: «Angenommen, der ganze Körper bestünde nur aus Augen, wie könnten wir dann hören? Oder der ganze Leib bestünde nur aus Ohren, wie könnten wir dann riechen?» (1. Korinther 12,17).

Als Nachfolger von Jesus ist es uns möglich, unser Leben bewusst zur Ehre Gottes einzusetzen. Jesus vergleicht die Art, wie wir leben und wie wir mit anderen Menschen umgehen sollen, als angenehme Dinge, die vor allem die Sinnesorgane anderer Menschen ansprechen: «Ihr seid für die Welt wie Salz. Wenn das Salz aber fade geworden ist, wodurch soll es seine Würzkraft wiedergewinnen? [...] Ihr seid das Licht, das die Welt erhellt. [...] Man zündet ja auch keine Öllampe an und stellt sie dann unter einen Eimer. Im Gegenteil: Man stellt sie auf den Lampenständer, so dass sie allen im Haus Licht gibt. Genauso soll euer Licht vor allen Menschen leuchten. Dann werden sie eure guten Taten sehen und euren Vater im Himmel preisen» (Matthäus 5,13-16).

Salz ist lebensnotwendig. Salz macht Lebensmittel länger haltbar. Und Salz spricht den Geschmackssinn an. Auch das Licht ist lebensnotwendig. Licht lässt Pflanzen wachsen. Licht ist die Voraussetzung, dass wir sehen und Farben erkennen können.

Der Apostel Paulus hat die Botschaft von Jesus ganz bestimmt mitgekriegt. Im Brief an die Korinther ergänzt er den Vergleich von Jesus bezüglich Salz und Licht mit dem Ansprechen des Riechorgans. Er vergleicht das Wesen von Christen mit einem angenehmen Duft: «Ob die Menschen nun die Botschaft annehmen und gerettet werden oder sie ablehnen und verloren gehen: Durch Christus sind wir ein Wohlgeruch für Gott. Für die einen ist es ein Verwesungsgeruch, der ihnen den Tod bringt; für die anderen aber ein angenehmer Duft, der ihnen neues Leben gibt» (2. Korinther 2,15-16). Das angenehme Ansprechen der Sinnesorgane ist Wohlgefühl pur. Mit Menschen, die wohltuend sind für die Sinnesorgane, verbringen wir gerne unsere Zeit.

Stell dir die Frage, wie deine Mitmenschen dich wahrnehmen. Sei «geschmackvoll», sei «wohlriechend», sei ein «Augenschmaus» für die Menschen in deinem Umfeld.

43

LOCKERHEIT UND VERBISSENHEIT

Kennst du Personen in deinem Umfeld, die verbissen kämpfen, die krampfhaft, eifrig und unermüdlich ihre Ziele erreichen wollen? Bewunderst du im Gegensatz dazu Menschen, die spielerisch, leichtfüßig, scheinbar schwerelos und stets mit einem Lächeln auf dem Gesicht immerzu Höchstleistungen erbringen? Mit welcher der beiden Charakteristiken möchtest du persönlich in Verbindung gebracht werden?

Lockerheit und Verbissenheit sind biologisch betrachtet näher beisammen als erwartet. Beide haben etwas mit Zielen zu tun - beziehungsweise dem Erreichen oder Verfehlen von Zielen.

Verbitterung und Verbissenheit entstehen aus Erfahrungen im Umgang mit den Ereignissen im Leben. Eine Redewendung besagt: «Glücklich ist, wer vergisst, was nicht mehr zu ändern ist.» Doch manche Menschen vergessen Fehler und Verletzungen nicht. Sie setzen sich mit eiserner Verbissenheit zur Wehr, kämpfen fast unermüdlich rund um die Uhr für ihre persönliche Mission. Das Misstrauen nimmt überhand, es bestimmt alles Fühlen und Handeln, bis der Kampf das Leben prägt und jegliches Glück verdrängt. Blickt man in das Gehirn von Menschen, die mit nicht nachlassendem Eifer kämpfen, zeigt sich, dass sie Niederlagen nicht als Niederlagen bewerten. Für sie entstehen daraus umso größere Herausforderungen. Normalerweise sind beim Sieger die Glückshormonwerte erhöht, und beim Verlierer findet das Gegenteil statt. Er ermüdet, gerät in einen vitalitätsarmen bis depressiven Zustand. Nicht so bei den Verbissenen. Nach Niederlagen fühlen sich verbissene Kämpfer wie Sieger und erhalten vom Gehirn die Hormone Testosteron und Serotonin ausgeschüttet, die sie zum nächsten Angriff anstacheln.

Unsere Lockerheit verlieren wir dadurch, dass das Erreichen der gesetzten Ziele misslingt. Zuständig für die Planung von Vorhaben ist der präfrontale Kortex mit Sitz hinter der Stirn. Dort wird auch die emotionale Bewertung des Geschehens vorgenommen. Angenommen, das Erreichen eines Vorhabens misslingt, so suchen wir die Gründe meist außerhalb unserer Zuständigkeit, um das Selbstwertgefühl zu erhalten. Wenn wir uns gegenüber ehrlich bleiben, müsste der Abgleich zwischen Vorhaben und Ergebnis als misslungen bewertet werden. Passiert das häufiger, hat dies oft, ja sogar sehr oft, Motivationseinbrüche zur Folge. Von Lockerheit also keine Spur.

43. LOCKERHEIT UND VERBISSENHEIT

Wie müssen wir denn unsere Ziele formulieren, um locker zu bleiben und Spaß zu haben, Freude zu empfinden und das Leben als Erfolg zu erfahren? Der Weg führt über die realistische Wahl der Ziele, die richtige Vorbereitung, die clevere Wahl der Taktik. Setze dir machbare Zwischenziele, die dir Freude bereiten. Versuche deine eigene Leistung wertzuschätzen und freue dich ehrlich daran. Feiere deine Erfolge und würdige deine Leistung. Steigere die Anforderungen kontinuierlich und wachse an deinen Aufgaben und Vorhaben. Das vielleicht wirkungsvollste Rezept für Lockerheit liegt im Humor und im Spielen. Nimm dich und deine Herausforderungen im Leben nicht allzu ernst. Lache über dich selbst, habe Spaß und beginne wieder zu spielen. Möchtest du spielerisch gewinnen? Dann spiele, um zu gewinnen, statt zu spielen, um nicht zu verlieren.

Könnte es sein, dass du in manchen Bereichen deines Lebens verbittert bist? Sind das Bereiche, wo du schon öfter Ziele nicht erreicht hast? Möchtest du dort gerne loslassen und locker werden?

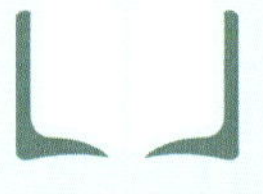

Verbissenheit und Lockerheit waren im biblischen Zeitraum ebenso gegenwärtig wie heute. Es gibt seit jeher aktiv-verbissene und passiv-verbissene Menschen.

Der Pharao von Ägypten ließ das Volk Israel trotz Gottes heftiger Plagen und Katastrophen nicht gehen (ab 2. Mose 5). Er war ein Passiv-Verbissener. Als er das Volk dann endlich ziehen ließ, bereute er die Entscheidung und jagte mit seiner Armee hinterher, um es zurückzuholen. Da wurde er zum Aktiv-Verbissenen. Während Aktiv-Verbissene über ihre Kampfbereitschaft charakterisiert werden, sind Passiv-Verbissene an ihren Vorwürfen zu erkennen.

Die beiden Schwestern Marta und Maria trauerten vier Tage um ihren Bruder Lazarus, der an einer Krankheit gestorben war. Als Jesus zu ihnen kam, machten ihm beide nacheinander denselben Vorwurf: «Herr, wärst du hier gewesen, würde mein Bruder noch leben» (Johannes 11,21). Eine gewisse Verbitterung war in dieser Aussage auszumachen. Doch Jesus verwandelte den Schmerz in Freude, als Lazarus vom Tod auferstand.

Zu den Aktiv-Verbissenen gehörten die Schriftgelehrten. Jesus hielt ihnen in Bezug auf ihr liebloses Verhalten regelmäßig den Spiegel vor: «Wehe euch, ihr Schriftgelehrten und Pharisäer! Ihr Heuchler! Ihr reist in der Welt herum, um nur einen einzigen Nichtjuden dafür zu gewinnen, eure Gesetze anzuerkennen» (Matthäus 23,15). Diese Gesetzeshüter setzten die Menschen mit ihren erfundenen Regeln unter Druck. Ihre Niederlagen gegen Jesus heizten ihren glühenden Zorn zusätzlich an: «Da verließen die Pharisäer die Synagoge und fassten miteinander den Beschluss, Jesus zu töten» (Matthäus 12,14).

Im Gegensatz zu den verbissenen Schriftgelehrten verblüffte Jesus die Menschen mit seiner Lockerheit. Den Vorwurf, dass man am Sabbat nicht heilen oder helfen dürfe, konterte er wie folgt: «Der Sabbat wurde doch für den Menschen geschaffen und nicht der Mensch für den Sabbat» (Markus 2,27). Wie weit die Lockerheit von Jesus ging, bestätigte er mit dem allerersten Einsatz seiner übernatürlichen Kräfte. An einer Hochzeit verwandelte er Wasser zu Wein, weil dem frischgebackenen Ehepaar mitten im Fest der Wein ausgegangen war (Johannes 2,1-10). Jesus veränderte die Molekularstruktur von Wasser und machte daraus ganze 757 Flaschen Wein - und zwar vom Feinsten. In einem späteren Wunder zeigte Jesus nochmals göttliche Lockerheit. Ein königlicher Beamter bat ihn, mit ihm zu kommen, weil sein Sohn derart krank war, dass er im Sterben lag. Nach einem kurzen Wortwechsel sagte Jesus zu ihm: «Du kannst beruhigt nach Hause gehen, dein Sohn ist gesund!» (Johannes 4,50). Per «Fernheilung» hatte er den Sohn dieses königlichen Beamten geheilt.

Ist es nicht großartig, wie diese Beispiele unser oftmals angespanntes oder arg beflissenes Glaubensleben aufzulockern vermögen? Die Bibel nennt die Liebe als wirkungsvollstes Rezept für Lockerheit: «Liebe ist geduldig und freundlich. Sie ist nicht verbissen, sie prahlt nicht und schaut nicht auf andere herab» (1. Korinther 13,4).

Liebe macht frei. Es ist enorm entspannend und entkrampfend, wissen zu dürfen, dass wir von Gott geliebt sind und rundum genügen mit allem, was wir sind. Das ist die beste Voraussetzung, um ohne Angst vor Versagen machbare Ziele anzuvisieren, Geduld mit sich selbst zu haben und auch mal über sich selbst lachen zu können.

44

SINGEN IST LEBENSVERLÄNGERND

Wie bereits in diesem Buch erwähnt, kann unser Gehirn nicht gleichzeitig singen und Angst haben. Doch Gesang kann noch viel mehr. Hast du gewusst, dass Singen sogar lebensverlängernd wirken kann? Es gibt zahlreiche Gründe, weshalb wir mehr singen sollten. Singen ist gut für den Kreislauf: Es ist für den Körper so aktivierend wie Dehnübungen oder leichter Sport. Zehn bis fünfzehn Minuten bewusst und laut zu singen reichen aus, um den Kreislauf in Schwung zu bringen. Das ist in etwa die Zeitdauer unter einer Dusche oder einer kurzen Fahrt im Auto.

Eine wichtige Sache beim Singen ist die Bauchatmung. Durch diese Tiefatmung erhöht sich die Sauerstoffsättigung in der Lunge. Beim Singen verändern wir unseren Atemrhythmus. Das versorgt den Körper mit mehr Sauerstoff und regt somit den Stoffwechsel an, der Blutdruck stabilisiert sich, Organe und Gehirn werden besser durchblutet, und die Konzentrationsfähigkeit steigt.

Musik wirkt positiv auf das vegetative Nervensystem, das automatische Abläufe im Körper regelt (Atmen, Herzschlag, Verdauung). In diesem Nervensystem gibt es zwei Gegenspieler, die bei gesunden Menschen im Gleichgewicht stehen sollten. Wenn wir Druck und Stress haben, sorgen das Singen und vor allem das tiefe Ein- und Ausatmen für Entspannung. Zusätzlich hilft die Atmung der Verdauung.

Eine Studie des Musikwissenschaftlers Prof. Dr. Gunter Kreutz belegt, dass beim Singen unsere Abwehrkräfte gestärkt werden. Beim Singen im Chor wurde festgehalten, dass sich an den Schleimhäuten der Kirchenchormitglieder Immunglobine gebildet hatten, die einen Schutz gegen Krankheitserreger gewährleisten. So stärkt Singen das Immunsystem und schützt vor Erkältung und anderen Krankheiten.

Dass Singen die Stimmung verbessert und glücklich macht, wurde in mehreren Untersuchungen nachgewiesen. Beim Singen werden körpereigene Glückshormone ausgeschüttet. Gleichzeitig werden durch diesen Hormon-Cocktail Stresshormone abgebaut. Schon nach dreißig Minuten Singen produziert unser Gehirn das sogenannte Kuschel- oder Bindungshormon. Dieses wird auch bei der Geburt oder beim Stillen eines Kindes ausgeschüttet. Wir bauen beim Singen eine innige Beziehung zu den Mitmusikern auf. Deshalb hat Singen im Chor eine noch stärkere Wirkung auf unser Gemüt als das Singen alleine. Nicht jeder hat gleich einen Chor bei der Hand, mit dem er sich emotional aufbauen kann. Musiktherapeuten empfehlen deshalb (jedenfalls in Zeiten, in denen keine Corona-Pandemie oder sonstige Plagen grassieren), an öffentlichen Orten mit möglichst vielen Menschen gleichzeitig zu singen, wie zum Beispiel in vollbesetzten Kirchen oder in Sportstadien.

Nicht zuletzt wird beim Singen auch die Zirbeldrüse stimuliert. Die dabei in Aktion tretenden Hormone bewirken besseren Schlaf, Krebsprophylaxe und einen tumorhemmenden Effekt. Übrigens haben Forscher in den 90er Jahren mittels Untersuchungen bei rund 12.000 Menschen aller Altersgruppen bewiesen, dass Mitglieder von Chören und Gesangsgruppen eine signifikant höhere Lebenserwartung haben als Menschen, die nicht singen.

Ist Singen für dich eine Qual oder eine Lust, eine mühselige Pflicht oder eine Freude? Hast du in deiner Kindheit eine Singkultur erlebt? Singst du auch heute noch, oder findest du das peinlich?

Seit die Menschheit existiert, war Singen schon immer Teil des gemeinschaftlichen Lebens. Bei Festen wird Musik gespielt, vielfach werden Lieder dazu gesungen. Babys werden in den Schlaf gesungen. Und Kinder lernen in Kindergarten und Schule, sich durch das Singen von Liedern die elementaren Dinge des Lebens dauerhaft zu merken.

Wenn Singen gesundheitsfördernd und lebensverlängernd ist, dann stell dir vor, welche kraftvolle Wirkung Singen entfalten kann, wenn es zusätzlich eine göttliche Bestimmung erhält! «Ja, dir will ich singen und musizieren, denn du bist meine Stärke. Bei dir, Gott, weiß ich mich geborgen. Ja, Gott, wie gut bist du zu mir!» (Psalm 59,18). Wie bereits erwähnt, werden beim Singen eine ganze Menge unterschiedlicher Glücks- und Bindungshormone ausgeschüttet. Durch das gemeinsame Singen in einer Gruppe wachsen die Menschen näher zusammen. Aber auch Gott und die Menschen intensivieren dadurch ihre Beziehung.

Bereits bei der Gründung der ersten Kirchen war Singen ein Bestandteil der regelmäßigen Treffen: «Wenn ihr zusammenkommt, hat jeder etwas beizutragen: Einige singen ein Loblied, andere unterweisen die Gemeinde im Glauben. Einige geben weiter, was Gott ihnen offenbart hat, andere reden in unbekannten Sprachen, und wieder andere übersetzen das Gesprochene für alle. Wichtig ist, dass alles die Gemeinde aufbaut» (1. Korinther 14,26). Gemeinsames Singen heißt in der Kirche «Lobpreis». Moderne, neuzeitliche Kirchen nennen diesen Teil auch «Worship».

Lobpreis ist mehr als nur Singen. Beim Lobpreis fokussieren wir uns auf positive und erbauliche Gedanken. Hast du schon einmal gesehen, wie Menschen beim Worship ihre Hände gen Himmel ausstrecken? Lobpreis hilft, sich nach oben auszurichten. Das Positive ist schließlich oben und nicht unten. Besonders in herausfordernden Zeiten hilft die anbetende Haltung, sich mit der göttlich-positiven Energie aufzuladen.

Beim Lobpreis nehmen wir eine dankbare und wertschätzende Haltung gegenüber Gott ein. Wir werden uns bewusst, dass wir nicht alles alleine schaffen können und wollen. Im Lobpreis sollen wir Gott bereits Danke sagen für Dinge, die er erst künftig für uns tun wird. Damit trauen wir ihm vorbehaltlos alles, aber auch wirklich alles zu. Ein weiterer Bestandteil von Lobpreis ist die zunehmende Fehlertoleranz, die sich aufgrund einer demütigen Einstellung entwickelt.

Sich regelmäßig zum Singen und Lobpreis aufzumachen, sorgt dafür, dass sich in unserem Gehirn neue Synapsen bilden, die Assoziationen mit positiven Gefühlen herstellen. Je mehr wir Lobpreis praktizieren, desto stärker werden diese Verbindungen und machen unser menschliches Gedankengebilde widerstandsfähig gegen die Stürme im Leben.

Jeden Sonntag in der Kirche – und natürlich auch unter der Woche – Gott im Lobpreis, im Worship, singend und anbetend unsere Dankbarkeit auszudrücken, ist gesundheitsfördernd, lebensverlängernd und wirkt Wunder.

!

45

VORURTEILE ENT-LERNEN

Ist es dir auch schon passiert, dass Menschen in deinem Umfeld vorgegeben haben, bereits zu wissen, wie du denkst oder was du sagen möchtest? Möglicherweise kennst du auch die folgende Situation bereits aus deinem eigenen Leben: Eine Person kommt zu spät zu einem Termin. Um nicht die Aufmerksamkeit auf sich zu lenken, nimmt sie stillschweigend im Raum Platz. Wenige Tage vergehen bis zur nächsten Sitzung, und siehe da, dieselbe Person kommt erneut zu spät. Welche Gedanken spielen sich nun in den Köpfen der anderen Sitzungsteilnehmer ab? Hand aufs Herz, die meisten werden denken: «Diese Person kommt immer zu spät!» Oder: «Diese Person ist respektlos gegenüber den anderen Teilnehmern!» Solche Urteile fassen viele in Sekundenschnelle und ohne mit der betreffenden Person über ihre Gründe gesprochen zu haben. Möglicherweise wurde die Person von ihrem Vorgesetzten aufgehalten, vielleicht hat sie auch jemandem in Not geholfen und ist deshalb zu spät gekommen, wer weiß?

Auf unserem Lebensweg sammeln wir viele Erfahrungen. Erfahrungen helfen uns dabei, zu lernen, ein besseres Leben zu führen. Wenn wir jedoch vorschnelle Urteile fällen, an vorgefassten Meinungen festhalten und auf vorgestrigem oder gar überholtem Wissen sitzenbleiben, verursachen wir Stillstand in unserer persönlichen Entwicklung.

Dasselbe gilt auch für die Entwicklung von neuen Ideen. Nichts schadet der Erfindungskraft und Innovation so sehr wie ein kritischer Sinn, der nur darauf wartet, die Kehrseite jeder neuen Idee vorzuführen. Urteile behindern den Einfallsreichtum. In angespannten Situationen kannst du kaum den Einfallsreichtum für eine entsprechende Lösung entwickeln. In der Zusammenarbeit mit anderen Menschen findest du immer wieder Personen, die möglicherweise Angst haben, dass durch die Entwicklung bestimmter Optionen ihre sonstige Stellung gefährdet wird.

Falls du dich betroffen fühlst und etwas gegen deine vorgefassten Meinungen sowie gegen vorschnelle Urteile unternehmen möchtest, solltest du sogleich starten.

In einem ersten Schritt geht es darum, die persönliche Haltung gegenüber den Menschen in deinem Umfeld zu korrigieren. Du kannst an jedem Tag von jedem Menschen etwas lernen, wenn du das möchtest.

In einem zweiten Schritt solltest du dir ein neues, dialogbasiertes Verhalten im Umgang mit anderen Menschen aneignen.

45. VORURTEILE ENT-LERNEN

Im Umgang mit anderen Menschen tendieren viele dazu, möglichst schnell ihre Themen und ihre eigene Sicht auf die Dinge kundzutun. Genau aus diesem Grund entwickeln sich immer wieder Missverständnisse, weil das Gegenüber sich und seine Meinung nun verteidigen muss, damit der Vorredner nicht die Überhand gewinnt.

Echter Dialog beginnt jedoch mit Zuhören und nicht mit Sprechen. Ein dialogbasiertes Verhalten umfasst vier sich ergänzende Aspekte:

- » Zuhören: Was wurde gesagt?
- » Respektieren: Was habe ich gehört?
- » Bewusstsein schaffen: Was ist gemeint?
- » Tonfall: Was habe ich interpretiert?

Möglicherweise erscheint es dir auf den ersten Blick mühsam, Gespräche nach diesem Muster zu führen. Die schrittweise Anwendung macht dich mit der Zeit zu einem Meister. Beginne damit, anderen Menschen deine Aufmerksamkeit zu schenken und meinungsneutral zuzuhören. Das erzielt bereits eine enorme Wirkung.

Fällt es dir leicht oder schwer, an dir selbst zu arbeiten? Siehst du einen Gewinn darin, ein Leben lang dazuzulernen? Oder vermeidest du allzu große Bewegungen bzgl. Einstellung und hältst lieber an Bewährtem und Erfahrungen fest?

Woher stammen vorgefasste Meinungen? Wie entstehen vorschnelle Urteile? Sie entstehen sowohl aus lückenhaften Informationen als auch aus inneren Haltungen heraus. «Der Herr hat uns Augen gegeben, um zu sehen, und Ohren, um zu hören» (Sprüche 20,12), damit wir uns ein umfassendes Bild zu einer Situation oder über eine Person machen können. Gott hat den Menschen zwei Augen und zwei Ohren, aber nur einen Mund gegeben; vermutlich, damit wir besser sehen und hören, aber weniger sprechen. Denn echter Dialog beginnt mit Zuhören und nicht mit Reden.

Doch die menschliche Urteilskraft wird immer wieder durch Äußerlichkeiten überlistet. «Dann lasst euch nicht vom Rang und Ansehen der Menschen beeindrucken! Stellt euch einmal vor, zu eurem Gottesdienst kommt ein vornehm gekleideter Mann mit goldenen Ringen an seinen Fingern. Zur selben Zeit kommt einer, der arm ist und schmutzige Kleidung trägt. Wie würdet ihr euch verhalten? Ihr würdet euch von dem Reichen beeindrucken lassen und ihm eifrig anbieten: ‹Hier ist noch ein guter Platz für Sie!› Aber zu dem Armen würdet ihr sicherlich sagen: ‹Bleib stehen oder setz dich neben meinem Stuhl auf den Fußboden.› Habt ihr da nicht mit zweierlei Maß gemessen und euch in eurem Urteil von menschlicher Eitelkeit leiten lassen?» (Jakobus 2,1–4).

Von außen sind weder die Absichten noch die Motivation noch der Antrieb anderer Menschen klar zu erkennen. Wir sollten uns deshalb nach dem Vorbild Gottes darum bemühen, Menschen besser kennen zu lernen: «Denn ich urteile nach anderen Maßstäben als die Menschen. Für die Menschen ist wichtig, was sie mit den Augen wahrnehmen können; ich dagegen schaue jedem Menschen ins Herz» (1. Samuel 16,7). Da wir keine Gedanken lesen und auch nicht ins Herz anderer Menschen schauen können, ist es wichtig und fair, wenn wir immer wieder unvoreingenommen auf andere zugehen und ihnen zuhören, bevor wir uns eine Meinung bilden. Unvoreingenommenheit bedeutet, dass wir unsere vorgefassten Meinungen und unsere bisherigen Erfahrungen mit Situationen oder Menschen entweder beiseitelegen oder gänzlich ausblenden.

Unsere Erfahrungen sind uns in so vielen Dingen eine Hilfe. Doch sobald wir aufgehört haben, bewusst dazuzulernen, bleiben unsere früheren Erfahrungen und Meinungen die einzige Basis, auf der wir unsere Urteile aufbauen. Damit werden sie zu einer Last für eine weltoffene innere Haltung: «Urteilt nicht über andere, damit Gott euch nicht verurteilt. Denn so wie ihr jetzt andere richtet, werdet auch ihr gerichtet werden. Und mit dem Maßstab, den ihr an andere anlegt, werdet ihr selbst gemessen werden. Warum siehst du jeden kleinen Splitter im Auge deines Mitmenschen, aber den Balken in deinem eigenen Auge bemerkst du nicht?» (Matthäus 7,1–3). Wer leichtfertig und salopp über andere urteilt, sollte es ertragen können, wenn jemand es wagt, ihm ebenfalls den Spiegel vorzuhalten.

Manchmal ist es ratsam, das Wissen vergangener Tage zu aktualisieren, frühere Erfahrungen zu entrümpeln und Vorurteile über Bord zu werfen. Dadurch entstehen erstens neue Kapazitäten für positive Begegnungen und zweitens frische, veränderte Erfahrungen. Es lohnt sich!

46

DIE EXTRAMEILE UND DIE ZWEITE MEILE

Empfindest du die Extrameile als Leistungsdruck, als Fluch oder als Chance? Die Extrameile hat noch nie jemanden umgebracht. Sie ist die Herausforderung, einen zusätzlichen Schritt zu gehen. Bei der Extrameile geht es aber nicht einfach um eine weitere Meile, sondern um die Meile, die jemand geht, nachdem die grundsätzlich notwendige Distanz einer Reise zurückgelegt wurde. Du befindest dich auf einer Extrameile, wenn alles in deinem Körper dir zuflüstert: «Es ist genug, ich brauche nicht weiterzugehen!»

Wenn du die Extrameile wählst, dich bewusst dazu entscheidest, außergewöhnlich zu sein, wirst du positive Spuren hinterlassen. Das Leben ist voll mit Gelegenheiten, ein durchschnittliches Leben zu führen. Zahlreiche Menschen begnügen sich damit, in ihrem Leben den aktuellen Zustand mit einem Minimum an Mühe aufrechtzuerhalten. «Wenn jeder mit sich selbst zufrieden wäre, gäbe es keine Helden», betont der amerikanische Schriftsteller Mark Twain. Die Welt braucht nichts nötiger als Gewinner; Menschen, die eine Extrameile zurücklegen.

Jede Person hat die Voraussetzung, ihr höchstes Potenzial auszuschöpfen. Nimm die Herausforderung gegen dich selbst an. Du bist außergewöhnlich. Und es ist wichtig, dass du realisierst, wie außergewöhnlich du bist. Dann wirst du dich, deine Fähigkeiten und dein Leistungsvermögen in einem ganz anderen Licht sehen. Deine Außergewöhnlichkeit ist nicht statisch, sondern du verfügst über ein Potenzial, das wachsen kann.

46. DIE EXTRAMEILE UND DIE ZWEITE MEILE

Die Wissenschaft spricht von einer statischen und einer wachstumsorientierten Geisteshaltung. Menschen mit einer statischen Geisteshaltung denken, dass ihre Qualitäten und Fähigkeiten in Stein gemeisselt sind. Sie gehen davon aus, dass sie über ein fixes Maß an Intelligenz und Talent verfügen. Im Gegensatz dazu glauben Personen mit einer wachstumsorientierten Geisteshaltung, dass ihre Talente nicht limitiert sind. Außerdem sind sie überzeugt, dass sie mit entsprechendem Einsatz in vielen Dingen sehr gut werden können. Diese beiden Geisteshaltungen bilden den entscheidenden Unterschied innerhalb unserer Gesellschaft, nämlich den zwischen «gewöhnlichen» und «außergewöhnlichen» Menschen. Außergewöhnlich zu sein ist eine Voraussetzung für die Extrameile.

Der Autor Dr. Molapo Selepe setzt den für die Extrameile notwendigen «ExTRA-Faktor» aus den Anfangsbuchstaben folgender Eigenschaften zusammen: Excellence (herausragend sein), Tenacity (Beharrlichkeit), Resilience (Widerstandsfähigkeit), Application (Anwendung). Die Extrameile und das Ziel, herausragend zu sein, gehen Hand in Hand. Beide erfordern Disziplin und Training. Mit Beharrlichkeit wirst du weder von Umständen noch von Menschen eingeschüchtert. Gewöhne dir an, mit Wagemut und Selbstsicherheit durchs Leben zu gehen. Möglicherweise empfindest du manche Situationen als unangenehm, aber Angst gehört definitiv nicht in dein Leben. Widerstandsfähigkeit hilft dir, nach einer Niederlage schnell wieder aufzustehen. Jammern und Weinen ist erlaubt, aber danach geht's weiter auf der Extrameile. Nichts macht dich zu einem außergewöhnlichen Menschen, außer du setzt dein Vorhaben in die Tat um. Du bist außergewöhnlich, und dein Leben auf der Extrameile wird es auch!

Hast du Mühe damit, anders als die anderen zu sein? Kannst du es ertragen, wenn man dich schief anschaut, weil du etwas ganz anders machst als der Rest deiner Bekannten?

Auf der Extrameile exponierst du dich, denn du wirst wenige Menschen antreffen auf diesem Weg. Als Gott uns geschaffen hat, ist er eine Extrameile gegangen, indem er uns nach seinem Ebenbild schuf. Kein anderes Lebewesen hat die Art von Intelligenz, Kapazität und Empathie-Vermögen, wie wir Menschen sie mitbekommen haben. Und wenn Gott für uns die Extrameile gegangen ist, dann sind auch wir geschaffen für die Extrameile.

Die Extrameile wird in unserer Gesellschaft fast ausnahmslos mit dem Erreichen von persönlichem Erfolg, Ruhm und Reichtum in Verbindung gebracht. Jesus hat mit seinem Tod am Kreuz zur Rettung der Menschheit ebenfalls eine Extrameile zurückgelegt. Er hat uns eine ganz neue Perspektive auf die Extrameile vermittelt: «Und wenn einer von dir verlangt, eine Meile mit ihm zu gehen, dann geh zwei Meilen mit ihm!» (Matthäus 5,41). Zu der Zeit, als Jesus auf der Erde war, konnte ein römischer Offizier jeden jüdischen Zivilisten dazu zwingen, sein schweres Gepäck bis zu einer Meile weit für ihn zu tragen. So lautete das Gesetz. Doch Jesus forderte die Menschen auf, über dieses Gesetz hinaus zu handeln.

Weshalb ermutigt er uns, auch mit den weniger beliebten Zeitgenossen zwei Meilen zu gehen? Nun, erstens verbringt ihr Zeit miteinander, und zweitens nimmst du auf diesen beiden Meilen Anteil am Leben des anderen. Außerdem hinterlässt du mit deinem unerwarteten Handeln einen bleibenden Eindruck bei ihm. Und drittens lehrt uns Jesus damit das Geheimnis eines glücklichen Lebens.

Die Extrameile zu gehen, um Erfolg zu haben und etwas gut zu Ende zu bringen, ist wirkungsvoll - die zweite Meile zu gehen, um mehr zu geben als erwartet, macht glücklich und hinterlässt Segensspuren.

47

DER ABER-GLAUBE

«Ich sollte mehr Sport treiben, aber es fehlt mir die Zeit dazu.» - «Ich möchte schon lange gesünder essen, aber das Angebot in der Kantine ist nicht einladend.» - «Ich würde gerne mehr Zeit mit meinen besten Freunden verbringen, aber die haben ja auch ihre eigene Familie.» - «Wir sollten unseren Verwandten unbedingt mehr schreiben, aber wir sind beide immer so stark beschäftigt.»

Kennst du solche Aussagen aus deinem Alltag? Was lösen solche Sätze bei dir konkret aus?

Wörter wie «sollte», «möchte», «würde», «hätte», «täte» etc. sind geformt im Wortmodus Konjunktiv. In der Umgangssprache heißt der Konjunktiv «Möglichkeitsform» und bedeutet etwas, das nur mittelbar und ohne Gewähr wiedergegeben oder irreal dargestellt wird. So schrecklich unverbindlich wie die Definition des Konjunktivs ist auch die Verwendung dieser Verbform. Das menschliche Gehirn funktioniert am stressfreisten und am effizientesten über Bilder. Konjunktive haben den entscheidenden Nachteil, dass sie sich bildlich nicht darstellen lassen.

Nehmen wir ein Beispiel dafür. Mache dir ein Bild zur Aussage: «Ich würde gerne mehr Sport treiben.» Welche konkreten Bilder hat dieser Satz in deinem Gehirn ausgelöst? Treibt da nun jemand Sport oder nicht? Welche Sportart ist dir in den Sinn gekommen? Welche Tageszeit hast du dir vorgestellt? Mit Sicherheit löst der folgende Satz in deinem Kopfkino gestochen scharfe Bilder aus: «Ich laufe jeden Morgen um 6 Uhr im Wald eine Runde von sieben Kilometern.» Aussagen mit Konjunktiven sind verschwommen und irreal, sie geben nichts her. Im Grunde genommen sind sie ein großer Haufen Nichts.

Die zweite Herausforderung in unserer Umgangssprache ist unser «Aber-Glaube». Bei Aussagen, die ein «Aber» enthalten, zerstören wir ultimativ die Glaubwürdigkeit von all dem, was wir vor dem «Aber» gesagt haben. Besonders dann, wenn es in Verbindung mit einem Konjunktiv steht. Wie zum Beispiel hier: «Ich sollte mehr Sport treiben, aber ich habe kaum Zeit dafür.» Einer solchen Aussage fehlt jeglicher Ausdruck von Selbstsicherheit und Entschlossenheit. Vor das Aber gehört kein Komma, sondern ein Punkt. Alles Weitere im Satz kann getrost weggelassen werden.

Menschen, die dem «Aber-Glauben» aufsitzen, kommen nur unter erschwerten Bedingungen an ihr Ziel. Sie beschäftigen sich zu stark mit dem «Aber» und nicht mit dem «Wie»! Hier die Alternative: «Ich werde mehr Sport treiben, und ich fange heute mit meinem ersten Besuch im Fitness-Studio an.» Die feste Absicht und die konkreten Schritte zur Umsetzung sind zweifelsohne der Schlüssel zum Erfolg. Der Glaube an die Erreichbarkeit eines Ziels kann Berge versetzen. Der «Aber-Glaube» hingegen setzt dir unüberwindbare Berge direkt vor die Nase.

Fällt es dir leicht, Verantwortung für deine Worte und Taten zu übernehmen? Oder gehörst du zu der Sorte von Menschen, die sich bereits im Voraus überlegen, was sie sagen werden, falls etwas nicht wie gewünscht klappt oder nicht wie geplant eintrifft?

Unsicherheit und Ungewissheit sind ein Teil unseres Lebens. Die Frage ist nicht, ob wir diese Gefühle haben dürfen, sondern wie wir damit umgehen.

Menschen tendieren in Momenten der Unsicherheit und der Bedrängung, indem sie vom eigenen Problem ablenken. Wenn wir für unsere Verantwortung Rechenschaft ablegen müssen oder für unser Handeln zur Rede gestellt werden, tendieren wir oft zu Ausreden oder zu Anklagen.

Ganz weit vorne in der Bibel lesen wir die Geschichte von Mose, als er noch jung war. Damals war er nach einem Mord aus Ägypten geflüchtet und hütete im Exil Schafe. Seine royale Karriere bekam nach seiner Flucht vom ägyptischen Königshof einen Knick: Er entwickelte sich vom adoptierten Königssohn zum König der Ausreden. Gott suchte das Gespräch mit Mose aus einem brennenden Dornbusch heraus. Er gab Mose den Auftrag, zum Pharao nach Ägypten zurückzugehen und um die Freilassung des versklavten Volkes zu bitten. Obwohl der allmächtige Gott Mose mehrmals zusicherte, dass er bei ihm sein wird, tischte Mose ihm eine Ausrede nach der anderen auf: «Ach, Herr, ich bin noch nie ein guter Redner gewesen. Auch jetzt, wo du mit mir sprichst, hat sich daran nichts geändert. Zum Reden habe ich einfach kein Talent, die Worte kommen mir nur schwer über die Lippen» (2. Mose 4,10). Doch Gott hat immer an Mose geglaubt und an ihm gearbeitet, so wurde er zu einem reifen Anführer seines Volkes.

Auch Jesus erzählte eine treffende Geschichte zum Thema Verantwortung und Ausreden. Sie handelt von einem Geschäftsmann, der dreien seiner Diener sein Vermögen anvertraute. Die Vermögensverwalter sind unterschiedlich damit umgegangen. Zwei haben das Geld wagemutig angelegt, der dritte hat es vergraben. Nach einer gewissen Zeit mussten sie als Verantwortliche einen Lagebericht vorlegen: «Schließlich kam der Diener, dem der Herr einen Zentner Silberstücke gegeben hatte, und erklärte: ‹Ich kenne dich als strengen Herrn und dachte: Du erntest, was andere gesät haben; du nimmst dir, wofür du nichts getan hast. Aus Angst habe ich dein Geld sicher aufbewahrt. Hier hast du es wieder zurück!› Zornig antwortete ihm darauf sein Herr: ‹Was bist du nur für ein böser und fauler Verwalter! Wenn du schon der Meinung bist, dass ich ernte, was andere gesät haben, und mir nehme, wofür ich nichts getan habe, hättest du mein Geld wenigstens bei einer Bank anlegen können! Dann hätte ich immerhin noch Zinsen dafür bekommen!›» (Matthäus 25,24–27).

Es läuft nicht immer alles rund, und alle Menschen werden in ihrem Leben irgendwann scheitern. Es hingegen erst gar nicht zu versuchen und sich vor dem Handeln bereits Ausreden zurechtzulegen, ist feige. Jesus möchte, dass wir keine Risiken scheuen und selbstbewusst für unsere Verantwortlichkeit hinstehen: «Wer seinen Vater oder seine Mutter, seinen Sohn oder seine Tochter mehr liebt als mich, der ist es nicht wert, mein Jünger zu sein. Und wer nicht bereit ist, sein Kreuz auf sich zu nehmen und mir nachzufolgen, der kann nicht zu mir gehören. Wer sich an sein Leben klammert, der wird es verlieren. Wer aber sein Leben für mich aufgibt, der wird es für immer gewinnen» (Matthäus 10,37–39).

Jesus fordert jeden Menschen auf, in unendlichen Dimensionen zu denken. Selbst die Menschen und die Dinge, die uns auf dieser Welt am liebsten sind, werden nicht ewig bestehen. Die Beziehung zu Jesus wird ewig Bestand haben.

Schiebe deine Situation und das Umfeld und die Umstände deines Lebens nicht als Ausrede vor, statt großartige Dinge mit Jesus zu tun. Mach was mit dem, was dir gegeben und anvertraut ist, und du wirst nie näher bei dir selbst und deiner Berufung sein.

48

SEHNSUCHT NACH EINFACHHEIT

Magst du es, wenn so richtig viel läuft bei dir? Kommst du am besten zurecht mit einer möglichst breiten Auswahl? Hast du den Überblick über all die Dinge, die du besitzt? Wir leben heute doppelt so schnell wie vor zwanzig Jahren und viermal so schnell wie vor vierzig Jahren. Wir packen mehr in unsere Zeit hinein, und wir besitzen mehr als jede andere Generation vor uns. Wir werden mit ständig wachsenden Möglichkeiten konfrontiert.

Für viele Menschen bedeutet die Überfülle des Angebots in Einkaufscentern und im Internet keine Befreiung, sondern eine Belastung. Sie leiden unter den deutlich gestiegenen Anforderungen im Berufs- und im Privatleben. Die Zeichen mehren sich, dass wir an der zunehmenden Komplexität unserer Gesellschaft ersticken.

Weshalb reduzieren wir dann nicht einfach radikal unser Leben? Viele Menschen empfinden das Angebot, einfacher und glücklicher zu leben, als eine weitere unangenehme Veränderung. Den aktuellen Zustand beizubehalten wird als sichere Variante eingestuft.

Im Grunde ist der Mensch für die Einfachheit geschaffen. Unser Kopfkino wird durch einfache Bilder und Storys aktiviert und weniger durch mehrseitige akademische Abhandlungen. Unser Leben mit wenigen, aber qualitativ hochwertigen Dingen fühlt sich befreiter an als ein Leben mit dem Ballast des unüberschaubaren Besitztums.

Nach einem Arbeitstag, an dem wir eine Aufgabe nach der anderen erfolgreich erledigen konnten, fühlen wir uns viel besser als nach dem gescheiterten Versuch, alles im Multitasking-Verfahren halbwegs hingekriegt zu haben. Viele Errungenschaften der Neuzeit wurden mit der Absicht zur Vereinfachung erschaffen. Die Waschmaschine, der Geschirrspüler, das Telefon, der Computer, der Staubsauger, das Internet, das Smartphone, das selbstfahrende Auto: Alles wurde erfunden, um das Leben zu erleichtern und um Zeit für spannendere Dinge zur Verfügung zu haben. Aus dem Streben nach Einfachheit ist vielfach eine Geschichte der nachwachsenden Komplexität geworden.

Bist du in deinem Leben auch schon an den Punkt gelangt, an dem deine Bereitschaft, Komplexität zu reduzieren und Ballast abzuwerfen, am höchsten war? Immer wenn du dich gerade in einer verwirrenden und komplexen Lebensphase befindest und mit der Kompliziertheit auf dem Höhepunkt angelangt bist, ist die Sehnsucht nach Einfachheit am größten. Hier gilt es nun, nicht zu verzagen, sondern das Momentum für eine Veränderung zu nutzen.

Die Umkehr der Dynamik ist kein Weg zurück, die Einfachheit liegt vor dir. Deine Reise in die Einfachheit führt dich über die äußere in die innere Veränderung. Am besten startest du in deiner Wohnung, auf deinem Schreibtisch, bei deinem Zeitmanagement, bei deinen Finanzen. Erweitere dein Wirkungsgebiet auf deine körperliche und mentale Fitness, auf deine Partnerschaft und deine sozialen Beziehungen. Komplexität reduzieren heißt: Ordnung schaffen, Ballast abwerfen, entrümpeln, vereinfachen, nicht alles gleichzeitig tun wollen, überschaubare Schritte tun, Erfolge bewusst feiern. Oftmals ist das Einfache geradezu simpel, und das macht dich frei.

Hast du eine Sehnsucht nach Einfachheit in dir, wie man sie von weisen Menschen kennt, die eine tiefe Ruhe ausstrahlen?

Gesetze und Verordnungen regeln unser Zusammenleben. Was meinst du, wie viele Rechtsakte die Europäische Union jedes Jahr erlässt? 2014 wurden 1369 Verordnungen, 97 Richtlinien, 838 Beschlüsse und Entscheidungen erlassen. Wie viele Gesetze kennt die Schweiz? Auf Bundesebene waren 2017 rund 5000 Gesetze und Verordnungen in Kraft. Davon sind 3000 in Staatsverträgen enthalten. Das eigentliche Landesrecht umfasst knapp 2000. In den Kantonen gibt es weitere knapp 17.000 Erlasse plus jene in den Gemeinden. In Anbetracht dieser beeindruckenden Zahlen verstehen wir jede Person, die sich «überreguliert» vorkommt und behauptet, dass das Leben nicht einfacher geworden ist.

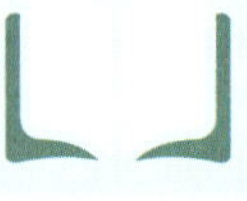

War es Gottes Absicht, dass die Menschen möglichst viele und möglichst strenge Gesetze bekommen sollten? Nein, Gott hatte Mose auf dem Berg Horeb die Zehn Gebote für das Volk Israel überreicht. Richtig: Gott, der Schöpfer der Menschheit, hat erkannt, dass pro Finger an beiden Händen ein Gebot vollkommen ausreicht, um sie sich merken zu können. Mit dem Ziel, das Zusammenleben der Menschen zu regeln, haben Mose und die Gesetzesvertreter erst später noch weitere 603 Verbote und Gebote hinzugefügt. Als Jesus einige Tausend Jahre später gefragt wurde, welches die wichtigsten Gebote sind, hat er sie in lediglich zwei Aussagen vereinfacht zusammengefasst: «Du sollst den Herrn, deinen Gott, lieben von ganzem Herzen, mit ganzer Hingabe, mit all deiner Kraft und mit deinem ganzen Verstand. Und auch deinen Mitmenschen sollst du so lieben wie dich selbst» (Lukas 10,27).

Es ist schlichtweg sensationell, wie Jesus die Reduktion der Komplexität ausformuliert hat. Jesus war ein Meister der einfachen Bildsprache und der einfachen Gleichnisse. Er gab immer wieder Hinweise auf die notwendigen Schritte zur Vereinfachung und Reduktion im Leben: «Kommt alle her zu mir, die ihr euch abmüht und unter eurer Last leidet! Ich werde euch Ruhe geben» (Matthäus 11,28). Ihm war es wichtig zu betonen, dass wir den innerlichen Ballast bei ihm abladen können: alle Verletzungen, alle Schuld, alle schlechten Gefühle, alle Ängste, alles «Zu viel» und alle Sorgen.

Gleichzeitig wies er uns darauf hin, dass es nachhaltig glücklich macht, wenn wir von unserem Besitztum und Überfluss abgeben: «Dabei sollen wir immer an die Worte denken, die unser Herr Jesus selbst gesagt hat: Geben macht glücklicher als Nehmen» (Apostelgeschichte 20,35).

Als eine weitere wichtige Lektion für die Vereinfachung unseres Lebens hat uns Jesus beigebracht, dass die Unentschiedenheit und Unentschlossenheit Zeit und Nerven kostet und außerdem zu unnötigen Kompromissen verleitet. Er möchte von uns, dass wir klar kommunizieren: «Sag einfach ‹Ja› oder ‹Nein›. Alle anderen Beteuerungen zeigen nur, dass du dich vom Bösen bestimmen lässt» (Matthäus 5,37).

In der Einfachheit steckt unglaublich viel Schönheit verborgen, die aus deinem möglicherweise komplizierten Leben ein lebenswertes Geschenk machen will. Ist es nicht wunderschön zu wissen: «Was bleibt, sind Glaube, Hoffnung und Liebe. Von diesen dreien aber ist die Liebe das Größte» (1. Korinther 13,13).

«Auch eine schwere Tür
hat nur einen kleinen Schlüssel nötig.»

(Charles Dickens)

49

SCHULD MACHT DICH ERPRESSBAR

Wie ausgeprägt ist dein Gerechtigkeitssinn? Wie stark spürst du dein schlechtes Gewissen? Hast du dich entschieden, das Richtige zu tun, so oft du nur kannst, oder nimmst du es nicht so genau mit der Gewissenhaftigkeit?

Gleich zu Beginn gilt es Folgendes zu klären: Menschen lernen via Fehler. Einen Fehler zu machen, beinhaltet die Chance, das zu lernen, was noch nötig ist, um denselben Fehler kein zweites Mal zu wiederholen.

Wenn jemand eine schwerwiegende Tat begeht, obwohl er sich der weitreichenden Konsequenzen bewusst ist, dann handelt es sich um ein mutwilliges Vergehen.

Nicht jedes Vergehen wird geahndet. Wo kein Kläger ist, da ist auch kein Richter. Zum Beispiel werden beim Diebstahl in Warenhäusern nie alle Täter gefasst. Das Center for Retail Research in Nottingham (GB) hat 2011 im globalen Diebstahlbarometer weltweite Verluste von Waren im Wert von 119 Milliarden US-Dollar registriert. Das Verrückte daran ist, dass ein Anteil der Waren durch Angestellte gestohlen wird.

Bei noch größeren Delikten, wie zum Beispiel beim Drogenhandel, wird gleichzeitig gegen mehrere Gesetze verstoßen. Da gibt es die großen Bosse, aber auch ein Netzwerk von Kleinkriminellen, die sich um die Feinverteilung kümmern.

Wissentlich Böses zu tun und schuldig zu werden, bringt viele Nachteile mit sich. Wer bei Delikten nicht alleine agiert, hat zum Beispiel Mitwisser. Alle kennen die Verfehlungen der anderen. Wer sich gegenüber dem Gesetz oder gegenüber Menschen schuldig macht, baut außerdem unweigerlich Lügengebilde auf und muss stetig Energie aufwenden für neue Ausreden und Alibis, damit er nicht auffliegt. Wer einmal auf Abwege geraten ist, hat außerdem eine viel tiefere Hemmschwelle für weitere Übertretungen. «Ist der Ruf erst ruiniert, lebt es sich ganz ungeniert.» Aus dieser negativen Spirale hinauszugelangen, ist enorm schwierig. Wenn es Mitwisser gibt, haben die ein Interesse daran, nicht verpetzt zu werden, und sie nutzen die Angriffsfläche, jeden wegen seiner Schuld zu erpressen. Bei unmoralischen Übertretungen, die weniger das Gesetz als vielmehr andere Menschen verletzten, funktioniert dieses Versteckspiel nach demselben Schema.

Unter uns Menschen herrschen unterschiedliche Auffassungen von richtig und falsch. Wer sich im vollen Bewusstsein unkorrekt gegenüber anderen verhält und sich dauerhaft in diesem Zustand aufhält, befindet sich deshalb in einer Grauzone. Solche Menschen tendieren dazu, ihr Verhalten schönzureden, und sie suchen sich Beispiele von Menschen, die noch viel schlimmer sind als sie.

Wer Gesetze oder andere Menschen mit seinem Verhalten verletzt, muss damit rechnen, für sein Verhalten Rechenschaft ablegen zu müssen. Gegenüber Menschen und auch vor Gericht spielt es insofern keine Rolle, in welchem Bereich jemand nicht die Wahrheit gesagt hat. Wer einmal lügt, dem glaubt man nimmermehr. Vor Gericht kann so ein ganzer Fall verloren gehen, denn wer in einer Sache lügt, hat auch im Anklagepunkt seine Glaubwürdigkeit verloren. Wer durch ein Gericht verurteilt wurde, leidet möglicherweise jahrelang unter dem Strafregistereintrag, den er zum Beispiel bei zahlreichen Jobbewerbungen vorzeigen muss.

Oftmals werden sich Menschen irgendwann ihrer Schuld bewusst und tun sich schwer, sie zu bekennen. Sie tragen in ihrem Rucksack eine schwere Last mit Schuld, Verletzungen und negativen Gefühlen herum. Das schlechte Gewissen lässt sich abstumpfen, ja, aber es kann auch den entscheidenden Impuls geben, die Verfehlungen ans Licht bringen zu wollen. Wer seine Schuld bekennt, läuft allerdings Gefahr, keine Vergebung zu erfahren; er wird dann möglicherweise vom Täter zum Opfer. Oftmals erfahren diese Menschen den Missbrauch von Schuldgefühlen, aufgrund derer sie, selbst nach dem Bekennen der Schuld, emotional erpresst werden. Fazit: Wer sich nicht schuldig macht, lebt definitiv entspannter!

Möchtest du selbstbestimmt und in Freiheit leben? Fühlst du dich schwer beladen oder von Leichtigkeit beflügelt? Hast du dir in deinem Leben auch schon mal einen Neustart gewünscht? Weshalb haben wir Menschen ein schlechtes Gewissen?

Glaubenskritiker betonen, dass die Machthaber der Religionen die Menschen absichtlich mit ihrer Schuld erpressen. Denn auf diese Weise, so der Vorwurf, bleiben die Gläubigen in ihrer Abhängigkeit.

Angenommen, es gäbe keinen Gott und wir hätten keine Seele, dann könnte jede Person so leben und handeln, wie sie möchte. Doch sind dann Ethik und Gesetze nur eine unnötige Erfindung der Menschen? Wäre so ein Leben nicht Chaos pur?

Die Bibel sagt, dass das egoistische Wesen des Menschen die Ursache für Sünde und Schuld ist: «Es sind vielmehr unsere eigenen selbstsüchtigen Wünsche, die uns immer wieder zum Bösen verlocken» (Jakobus 1,14). Gott hat uns ein Gewissen gegeben, damit wir unsere Verfehlungen erkennen und anderen Menschen mit Empathie begegnen können. «Meine Schuld ist mir über den Kopf gewachsen. Wie schwer ist diese Last! Ich breche unter ihr zusammen» (Psalm 38,5).

Es ist eine aktive Entscheidung, aus Fehlern zu lernen und erneute Fehler zu vermeiden: «Ich mache also ständig dieselbe Erfahrung: Das Gute will ich tun, aber ich tue unausweichlich das Böse ... Dennoch handle ich nach einem anderen Gesetz, das in mir wohnt. Dieses Gesetz kämpft gegen das, was ich innerlich als richtig erkannt habe, und macht mich zu seinem Gefangenen» (Römer 7,21.23). Gott hat einen anderen Plan für uns Menschen: «Es war sein Wille, dass er uns durch das Wort der Wahrheit, durch die rettende Botschaft, neues Leben geschenkt hat. So sind wir der Anfang seiner neuen Schöpfung geworden» (Jakobus 1,18).

Das Wesen des Christseins ist die Freiheit. Freiheit von Schuld, Freiheit von den Anklagen der Vergangenheit, Freiheit, das Richtige zu tun und dem Guten nachzujagen wie einem Schatz. Ein Jesus-Nachfolger ist ein freier Mensch. Das schönste Geschenk Gottes ist, dass wir für diese Freiheit nichts leisten müssen: «Also steht fest: Nicht wegen meiner guten Taten werde ich von meiner Schuld freigesprochen, sondern allein deshalb, weil ich mein Vertrauen auf Jesus Christus setze» (Römer 3,28).

Es spielt keine Rolle, welche Vergehen du mit dir herumschleppst. Seine Gnade gilt auch dir, damit du Vergebung erfahren und frei sein darfst. Oder noch anders gesagt: Für Gott ist nichts unmöglich. Er kann auch deine Fehler und Vergehen dazu nutzen, um sich in deinem Leben als Retter und Heiler zu zeigen, zu verherrlichen. Diese Heilsgewissheit ist unglaublich befreiend. Unsere Schulden sind durch Jesu Tod am Kreuz vergeben, und wir sind befreit von unserer Last. Diese Gewissheit sollte jeden Jesus-Nachfolger und jede Jesus-Nachfolgerin geradezu beflügeln.

Um nochmals aufs Thema «Missbrauch von Schuld und Sünde» zurückzukommen, das Religionsführern als Erpressung der Gläubigen diene: Die Bibel kennt derartige Machtspiele nicht und empfiehlt unmissverständlich, wie wir leben sollen: «Du junger Mensch, genieße deine Jugend und freu dich in der Blüte deines Lebens! Tu, was dein Herz dir sagt und was deinen Augen gefällt! Aber sei dir bewusst, dass Gott dich für alles zur Rechenschaft ziehen wird! Lass dich nicht von Kummer und Sorgen beherrschen und halte allen Schmerz von dir fern! Denn Jugend und Frische sind vergänglich» (Prediger 11,9-10). Ein freies Leben zu führen, jeden Moment zu genießen, das Richtige zu tun sowie gewissenhaft zu leben, das alles schließt sich gegenseitig definitiv nicht aus, wenn wir Vergebung zulassen und in Anspruch nehmen.

Lastet schwere Schuld auf dir? Fühlst du dich gefangen von der Vergangenheit? Selbst wenn Menschen dir keine Vergebung zusprechen wollen, ist Jesus für deine Sünden gestorben, damit du erlöst sein darfst. Er steht mit offenen Armen da und will dich kennen lernen. Du sollst befreit sein von allem, was dich runterzieht.

50

EINHEITSBREI UND ALLTAGSLANGEWEILE

Werden wir alle in der digitalisierten Welt zu Langweilern? Lässt uns Google verblöden? Machen uns Social-Media-Plattformen einsam?

Smartphones und mobiles Internet helfen uns, die Zeit zu vertreiben – die ständige Erreichbarkeit bewirkt aber, dass wir nicht mehr selbst nachdenken und immer eindimensionaler werden, so die Feststellung von Forschern.

Mit Susan J. Matt und Luke Fernandez haben zwei amerikanische Forscher erstmals auch Emotionen und Gefühle in der Geschichte des 19. und frühen 20. Jahrhunderts untersucht. Sie haben festgestellt, dass Emotionen und Gefühle schon früher stark von den zur Verfügung stehenden Technologien beeinflusst wurden, wie zum Beispiel dem Buchdruck, dem Telefon, dem elektrischen Licht.

Zwischen den technischen Neuerungen und unseren Gefühlen besteht ein kompliziertes Wechselspiel. Einsamkeit, Langeweile, Staunen, Wut oder Eitelkeit hat es schon immer gegeben. Einsamkeit oder stille Momente waren früher der Oberschicht vorbehalten und wurden gefeiert, da die Arbeiter oftmals zwölf Stunden pro Tag und mehr schufteten. Heute ist Einsamkeit kein Luxus mehr. Im Gegenteil versuchen wir durch technische Neuerungen, Einsamkeit zu überbrücken. Die durch die technischen Möglichkeiten neugeschaffene Mobilität schuf ein negativeres Bild der Einsamkeit. Wir wollen unterwegs sein und nicht an Ort und Stelle Stillstand erleben.

Bei der Langeweile gibt es neu eine wesentliche Unterscheidung zwischen Alltagslangeweile und einem existenziellen Gefühl von Langeweile. Alltagslangeweile hält heute kaum noch jemand aus, denn jede noch so kleine Wartezeit können wir mit dem Smartphone überbrücken. Was macht die ständige Ablenkung mit unserem Geist? Unsere Verhaltensweisen verändern sich: Die Forscher kommen zum Fazit, dass uns heute unsere Angst vor Langeweile langweilig macht.

Eigene Ideen werden vom steten Strom an neuen Posts auf Social Media ertränkt. Von allen Followern erhalten wir Likes, und jedem Post, den wir sehen, geben wir Likes zurück. Unser Streben nach Aufmerksamkeit wird durch die zahlreichen Selbstdarstellungen animiert und findet mit den verschiedenen Social-Media-Anbietern eine Plattform zur Präsentation.

Viele Menschen sind heute mit Dingen beschäftigt, die nicht existenziell wichtig sind. Wer ständig erreichbar ist, ist noch lange nicht wichtig. Wer im Minutentakt Messages und Statusmeldungen erhält und versendet, ist noch lange nicht interessant. Wer fünf Dinge gleichzeitig tut, ist noch lange nicht effektiv. Bei wem der Chef immer Vorrang hat vor dem Privatleben, der ist noch lange kein guter Mitarbeiter. Und wer sich leicht provozieren lässt, sich zu allem äußert und seine Meinung ungefiltert in den Chat-Verlauf eintippt, ist noch lange nicht selbstbewusst. Wer im realen Leben nichts erlebt, hat im digitalen Leben nichts Interessantes zu teilen.

Was kannst du konkret tun, falls du dich entschließt, nicht zu einem Langweiler zu werden? Nutze die Kontrastmethode, um die Bandbreite an Dimensionen wieder zu entdecken. Tippst du gestresst auf der Tastatur? Schreibe eine handgeschriebene Karte! Warst du mehrere Stunden am Smartphone? Leg es für eine Stunde zur Seite! Gehst du im Eilschritt zur Schule oder zur Arbeit? Steig eine Station früher aus und spaziere das letzte Stück! Hast du keine Ideen? Stöbere in einer Bibliothek oder in einer Bücherei! Findest du es eintönig, jeden Tag mit deinen Arbeitskollegen oder Mitschülern unter unzähligen Leuten in der Kantine zu essen? Mach den Vorschlag für ein Picknick draußen!

Magst du püriertes lauwarmes Essen? Magst du einen schlüpfrigen, schlaffen Händedruck? Magst du auf unbestimmte Zeit vertröstet werden? Magst du es, wenn Freunde Entscheidungen aufschieben? Magst du es, wenn etwas knapp daneben geht? Spielst du gerne mit der Motivation, nicht zu verlieren? Magst du es, von vielen ein wenig geliebt werden, aber von niemandem so richtig?

Hoffentlich decken sich keine deiner Vorlieben mit dieser Auswahl. Ansonsten ist es ratsam, trotzdem erwartungsvoll, selbstbewusst und wählerisch zu sein, wenn es darum geht, deine Zeit auszukosten und das Beste aus deinem Leben zu machen.

Wenn du dich umschaust, dann findest du in den meisten Dingen eine Vielfalt. Jeder Mensch ist einzigartig. Keine Schneeflocke hat dieselbe Struktur wie all die anderen. Du findest Gegensätze. Tag und Nacht. Gut und Böse. Hitze und Kälte. Liebe und Hass. Die besten Geschichten der Welt setzen sich genau aus diesen kontrastreichen Elementen zusammen. Auch ein attraktives und interessantes Leben setzt sich zusammen aus Ereignissen, die Einzigartigkeit und Gegensätze beinhalten. Wofür möchtest du leben, und womit möchtest du deine Zeit verbringen?

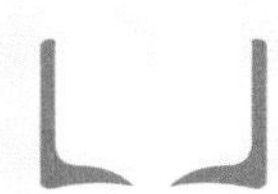

In der Bibel bringt ein Gedicht von König Salomo diesen Spannungsbogen auf den Punkt:

«Jedes Ereignis, alles auf der Welt hat seine Zeit: Geborenwerden und Sterben, Pflanzen und Ausreißen, Töten und Heilen, Niederreißen und Aufbauen, Weinen und Lachen, Klagen und Tanzen, Steinewerfen und Steinesammeln, Umarmen und Loslassen, Suchen und Finden, Aufbewahren und Wegwerfen, Zerreißen und Zusammennähen, Schweigen und Reden, Lieben und Hassen, Krieg und Frieden. [...] Für alles auf der Welt hat Gott schon vorher die rechte Zeit bestimmt. In das Herz des Menschen hat er den Wunsch gelegt, nach dem zu fragen, was ewig ist. Aber der Mensch kann Gottes Werke nie voll und ganz begreifen. So kam ich zu dem Schluss, dass es für den Menschen nichts Besseres gibt, als fröhlich zu sein und das Leben zu genießen» (Prediger 3,1-12).

Im Leben geht es auf und ab. Oftmals gelingt dir, was du vorhast, und dann wiederum scheint nichts zu funktionieren. Du kannst entscheiden, ob du dich über die Dinge ärgerst, die gerade nicht laufen, oder ob du dich daran freust, was bei dir aktuell funktioniert. Was ist gerade dran in deinem Leben? Ist es eine Zeit des Festhaltens oder des Loslassens? Ist es eine Zeit des Suchens oder des Findens? Ist es eine Zeit des Schweigens oder des Redens? Alltagslangeweile zu vertreiben und das Leben zu genießen - beide Pole stehen im Gegensatz zueinander. Der eine macht glücklich, der andere nicht. Nimm dir individuelle Zeit für dich und finde heraus, was deine eigenen Interessen sind.

Hast du deinen Fokus auf die Zeichen der Zeit gelegt? Bist du bereit dafür, die Chancen in deinem Leben zu nutzen und etwas daraus zu machen? Alles hat seine Zeit, aber nehmen wir uns auch wirklich die Zeit? Was, wenn du die vielen Stunden, die du mit dem Smartphone und dem mobilen Internet verbringst, in Dinge investieren würdest, die Ewigkeitswert haben? Wenn du echte Beziehungen pflegen würdest, die dauerhaft halten? Wenn du anderen Menschen Aufmerksamkeit schenken und ihnen Gutes tun würdest? Wenn du deinem persönlichen Glaubensleben frische Impulse und Nahrung geben würdest?

Als Erfolgsrezept gegen die Alltagslangeweile empfiehlt der Prediger (siehe oben!) den Menschen, das Leben zu genießen und fröhlich zu sein. Setze dich doch wieder mal mit Freunden zusammen, genießt ein gutes Essen und lacht zusammen.

51

CHRONISCH SCHULDBEWUSST LEBEN?

Wie stark beachtest du deinen ökologischen Fußabdruck? Weißt du beim Einkaufen, worauf du achten solltest? Hast du deine Essgewohnheiten in den letzten Jahren verändert? Anständig zu sein, ist anstrengend geworden. Was ist inzwischen nicht alles verpönt: Autos, Alufolie, Plastik, Avocados, Fleisch. Die neue Tugendhaftigkeit macht nicht nur erschöpft, sondern auch chronisch schuldbewusst.

Stell dir vor, du empfängst bei dir zu Hause Besuch. Aus Angst vor Fehlern fragst du noch in der Tür: «Ihr esst aber schon noch Fleisch, oder?» Beim letzten Treffen hatte der Besuch angekündigt, dass sie sich überlegen, gänzlich aufs Auto zu verzichten. Zudem erinnerst du dich, wie sich jemand in der Runde darüber empört hatte, dass die kompostierbaren Grünabfallsäckchen in Wirklichkeit Jahrzehnte brauchen, bis sie zersetzt sind. Nach dem Auftakt vergeht die erste Stunde des Besuchs mit Rechtfertigungs-Rhetorik und Beteuerungs-Statements zum Thema Ernährung und Unverträglichkeiten, Rauchen und Littering, Verpackungen und Mikroplastik sowie mit Gesprächen über regionale Produzenten und globale Warentransporte.

Gut zu leben ist kompliziert geworden. Zumal dann, wenn du zu den Anständigen gehören und als aufgeklärter Mensch in die Geschichte eingehen möchtest. Es gibt wohl kaum einen Alltagsbereich, in dem sich nicht monatlich die Werte und Tabus verändern. Du kannst es heute grundsätzlich nur noch falsch machen, einfache Wahrheiten gibt es nicht mehr. Außer die eine, dass jeder dieser Umdenkmomente notwendig ist. Denn es gehört zur Schönheit unserer Zeit, dass alles hinterfragt wird. Die träge Konsumgesellschaft ist aufgefordert, mehr zu wissen und dabei stets das große Ganze im Blick zu behalten. Es ist eine Chance, sich als Mensch moralisch neu zu kalibrieren.

Eine ungeheure Schamoffensive hat die Menschen ergriffen. Prominente zelebrieren ihre Aeroplane-Abstinenz und stimulieren das schlechte Gewissen desjenigen, der heute noch bedenkenlos ins Flugzeug steigt. Im Gefolge der Flugscham sind weitere Schambereiche entblößt worden: Avocado-Scham, Palmöl-Scham, Beton-Scham, Billigfleisch-Scham, Zu-viele-Kinder-Scham und Plastik-Scham. Deshalb geht es jetzt darum, Gutes zu tun und unablässig darüber zu reden. Nur, wo endet das gesunde Umdenken, und wo beginnt ein Zustand steter Frustration, weil es noch längst nicht genug ist?

Am anstrengendsten ist, dass man als guter Mensch interdisziplinär furchtbar aufpassen muss. Es gibt heute nicht nur eine politische Korrektheit, sondern gefühlt auch eine gesundheitliche, wissenschaftliche, gesellschaftliche, pädagogische und linguistische Korrektheit. Fettnäpfchen und Stolperfallen noch und nöcher. Die hohe Sichtbarkeit in unserer digital vernetzten Gesellschaft verkörpert den Pranger der Neuzeit, dort werden Schuld und Sühne nonstop aufgeführt. Und wo immer möglich, wird die Moral der guten Menschen zur Schau gestellt. Aber warum haben brave Menschen die Prahlerei eigentlich nötig? Man verzichtet, schränkt sich ein, stellt um, zahlt mehr, aber niemand dankt es einem. Jeder will zeigen, dass die negativen Prognosen für die Umwelt nicht seine Schuld sind.

Dieses chronische Schuldbewusstsein verlangt unerbittlich nach Wegen zum kurzzeitigen Seelenfrieden. Die Menschen streben nach dem Richtigmachen mit ausgeprägtem Schuld-und-Buße-Charakter sowie einem Ablasshandel mit diversen Zertifikaten, Kompensationen und Regenwaldanteilen. So biegt man sich den modernen Seelenfrieden hin. Doch wann ist genug? Wann genüge ich den Ansprüchen? Sollte das Leben nicht wieder einfacher und gelassener werden?

Gibt es für dich richtig und falsch? Spielt es für dich eine Rolle, was andere von dir und deinem Lebensstil denken? Verspürst du manchmal den Impuls in dir, mit irgendwelchen Taten, Verzichten, Aktionen oder Aufrufen nichts weniger als «die Welt zu retten»?

Wie eingangs erwähnt, feiern die neue Tugendhaftigkeit und das chronische Schuldbewusstsein ihr Revival im modernen Leben. Zwischen dem 12. und 15. Jahrhundert wurde der Ablasshandel in der Kirche praktiziert, um irdische Sünden ganz oder teilweise zu erlassen und sie durch die Erfüllung bestimmter Leistungen oder guter Werke zu ersetzen. Damals wurden den Sündern harte Strafen auferlegt, und viele peinigten und drangsalierten sich, ihre Seele und ihren Körper, für ein höheres Ziel.

In der Gegenwart, wo die traditionellen Kirchen unter Mitgliederschwund leiden, tritt dieses Phänomen in der Gesellschaft ganz unmittelbar und in einer nicht erwarteten Ausprägung wieder auf. Scheinbar tendieren zahlreiche Menschen von Natur aus dazu, alles Unmögliche dafür zu tun, um zu genügen. Bewusster zu leben ist absolut richtig und wichtig! Doch auf welche Werte und Normen ist die angestrebte Verhaltensveränderung ausgerichtet? Gibt es aus deiner Sicht noch die eine mehrheitsfähige und verbindliche Korrektheit?

Die Bibel sagt dazu: «Denn es wird eine Zeit kommen, in der die Menschen von der gesunden Lehre nichts mehr wissen wollen. Sie werden sich nach ihrem eigenen Geschmack Lehrer aussuchen, die ihnen nur nach dem Munde reden» (2. Timotheus 4,3).

Der moderne Mensch sucht die Selbstbestimmung, und gleichzeitig möchte er kein schlechtes Gewissen in Bezug auf seinen Lebensstil haben. In einer Gesell-

schaft, die sich alles leisten kann, gewinnen Aufschub und Verzicht einen hohen Stellenwert. Doch Aufschub und Verzicht verlangen furchtbar viel Geduld und Demut. Geduld ist die Eigenschaft, abzuwarten, bis ich an der Reihe bin. Demut ist die Eigenschaft, es auszuhalten, nicht an die Reihe zu kommen. Der größte Konkurrent der Demut ist der Stolz. Demut bedeutet, den eigenen Stolz zu überwinden und zu kontrollieren. Und die eigenen Wünsche und Bedürfnisse nicht über alles andere zu stellen.

Kämpfst du mit chronischem Schuldbewusstsein? Weißt du, wann du genügst? Hast du Hemmungen, besondere Momente im Leben zu genießen? Das einzige Rezept, um mit diesem Dilemma umzugehen, ist die Gelassenheit.

Gelassenheit heißt, dieses andauernde Runterdimmen jeglicher Freude über die eigene Existenz unterlassen zu können und stattdessen in fröhlicher Erwartung Geduld zu haben, bis die Lösung erarbeitet, die richtige Zeit gekommen oder die richtige Person getroffen worden ist. Wir sind gelassen, wenn wir gewissen Dingen keine Macht über unsere Emotionen und Empfindungen geben. Die Bibel benutzt für Gelassenheit die Wörter Zuversicht und Hoffnung: «Weil wir diese Hoffnung haben, können wir voller Zuversicht vor die Menschen treten» (2. Korinther 3,12).

Beide Worte, Zuversicht und Hoffnung, sind deutlich auf die Zukunft ausgerichtet. Sie sind so richtig attraktiv. Wer möchte diese beiden Eigenschaften schon nicht haben?! Wenn du nicht an ein Leben nach dem Tod glaubst, hast du entweder keine, oder du besitzt nur eine endliche Hoffnung. Als Nachfolger von Jesus darfst du echte Zuversicht und Hoffnung erwarten: «Hoffen wir aber auf etwas, das wir noch nicht sehen können, dann warten wir zuversichtlich darauf, dass es sich erfüllt» (Römer 8,25). Hoffnung und Zuversicht entwickeln sich aus deinem tiefen Seelenfrieden. Einem Seelenfrieden, bei dem du sicher sein kannst, dass du genügst, so wie du bist. Weil du gewiss sein kannst, dass alles für deine Rettung Notwendige schon getan ist: «Denn Gott hat die Menschen so sehr geliebt, dass er seinen einzigen Sohn für sie hergab. Jeder, der an ihn glaubt, wird nicht zugrunde gehen, sondern das ewige Leben haben» (Johannes 3,16). Versuchst du, über deine eigene Leistung zu genügen? Oder möchtest du auch stärker in Gelassenheit leben?

Du musst nichts an dir verbessern, um von Gott geliebt zu werden. Lass es gut sein, es gibt nicht dauernd etwas zu reparieren an dir. Hör auf mit dem Maximieren, lass das Steuer los. Setz dich einfach mal irgendwo in die Sonne, schließ die Augen, genieße den Augenblick. Du bist genug.

52

MIT DANKBARKEIT AUF AUGENHÖHE

Wie oft sagst du: «Danke»? Fällt es dir schwer, Gründe zu finden, um dankbar zu sein? Als kleine Kinder wurden wir von den Eltern immer dazu angehalten, Danke zu sagen, wenn wir etwas bekamen. Leider geht bei vielen Menschen diese positive Eigenschaft verloren, sobald sie erwachsen werden. Scheinbar fällt es uns im täglichen Umgang mit Menschen schwer, Dankbarkeit zu zeigen. Dabei gibt es so viele Situationen, in denen ein Dankeschön angebracht ist.

Doch in solchen Momenten konzentrieren wir uns zu schnell auf Formulierungen wie: «Hast du dir schon Gedanken gemacht, wie du deine berufliche Zukunft gestalten möchtest?», statt zu sagen: «Danke für deinen Einsatz für eine solide Grundausbildung.» Oder wir benutzen Formulierungen, bei denen wir zuerst von uns selbst sprechen: «Als ich noch jung war, ging ich zur Berufsberatung ...», statt zu sagen: «Deine Vorteile bei einer Berufsberatung sind ...» Unser Gehirn macht sich viele Sorgen und Problemgedanken, die ganz automatisch auftauchen. Die meisten Dinge, deretwegen wir uns Sorgen machen, treten in Realität übrigens gar nie ein. Und trotzdem stehen diese Sorgen und Problemgedanken uns im Weg, wenn es darum geht, vorbehaltlos dankbar zu sein.

Was jedoch zu einer erhöhten Dankbarkeit verhilft, ist die bewusste Konzentration auf Dinge, die in unserem Leben gut sind. Verschiedene Studien zeigen: Dankbarkeitsübungen verbessern die Stimmung und machen glücklicher, zudem machen sie uns vitaler und gesünder. Es gibt so viele Möglichkeiten, bei denen du dich bei jemandem bedanken kannst. Sei es mündlich, per Brief, per Dankeskarte, per E-Mail, per Social Media oder sonst einem der zahlreichen Nachrichten-Dienste. Hier einige (altbekannte) Vorschläge:

» Danke für das gute Gespräch.

» Danke für deine Hilfe.

» Danke für dein Vertrauen.

» Danke, dass du mich verstehst.

» Danke, dass du pünktlich kommst.

» Danke, dass ihr alle so zuverlässig seid.

» Danke für deine Zeit.

» Danke für deine Offenheit.

» Danke für deine konstruktive Kritik.

» Danke, dass du dich gemeldet hast.

» Danke für deine Gastfreundschaft.

» Danke, dass es dich gibt!

52. MIT DANKBARKEIT AUF AUGENHÖHE

In der Erziehung geben Eltern, die Dankbarkeit für wichtig halten, den Kindern wichtige Erfolgsfaktoren mit auf den Lebensweg. In mancher Ausbildung, besonders im Kundenkontakt, wird Sympathie ins Zentrum gestellt. Neben zahlreichen Faktoren, die Sympathie auslösen, ist Dankbarkeit die gesunde Portion Demut und Bescheidenheit, die jedem Menschen gut steht.

Mit Dankbarkeit sind wir auf Augenhöhe zu unserem Gegenüber. Danke zu sagen, weckt Sympathie. Echte Dankbarkeit ist der beste Zugang zu den Menschen in deinem Umfeld. Und übrigens: Danke, dass du diese Zeilen liest.

Fallen dir spontan Gründe ein, wofür du dankbar sein kannst, oder musst du länger nachdenken, um Gründe dafür zu finden, warum du überhaupt dankbar sein könntest? War für dich bisher im Leben alles Gute, das du hattest, sozusagen selbstverständlich? Oder weißt du auch, was es bedeutet, auf etwas verzichten zu müssen?

Das Leben in unserer Wohlstandskultur ist geprägt von Spaß und Genuss. Vor lauter Genießen-Wollen vergessen wir leicht, uns zu bedanken. Möglicherweise liegt es daran, dass wir gar nicht mehr wissen, bei wem wir uns bedanken können. Alles ist selbstverständlich und mehrheitlich im Überfluss vorhanden. Gleichzeitig stellen wir fest, dass wir das Jammern und Klagen enorm kultiviert haben. Über alles Mögliche gibt es etwas zu nörgeln. Oftmals kann es uns niemand recht machen. Alles wird immer schlechter.

Jesu Heilung der zehn Aussätzigen zeigt auf, dass Undankbarkeit schon früher ein Thema war. «Er sah sie an und forderte sie auf: ‹Geht zu den Priestern und zeigt ihnen, dass ihr geheilt seid!› Auf dem Weg dorthin wurden sie gesund. Einer von ihnen lief zu Jesus zurück, als er merkte, dass er geheilt war. Laut lobte er Gott. Er warf sich vor Jesus nieder und dankte ihm. Es war ein Mann aus Samarien. Jesus fragte: ‹Waren es nicht zehn Männer, die gesund geworden sind? Wo sind denn die anderen neun?›» (Lukas 17,14–17). Jesus hatte zehn Aussätzige geheilt, doch nur einer, der Ausländer, kam zurück, um Danke zu sagen.

Gott fordert uns auch an anderen Stellen in der Bibel ultimativ auf, dankbar zu sein: «Dankt Gott, ganz gleich, wie eure Lebensumstände auch sein mögen. All das erwartet Gott von euch, und weil ihr mit Jesus Christus verbunden seid, wird es euch auch möglich sein» (1. Thessalonicher 5,18). Gott mag es bestimmt sehr, wenn wir ihm gegenüber dankbar sind. Doch wenn er uns rät, Dankbarkeit als Lebensstil zu entdecken, denkt er dabei nicht eigennützig an sich selbst, sondern weiß, dass Dankbarkeit unsere Persönlichkeit weiterentwickelt. Dankbare Menschen leben freier.

Du musst nicht ständig konsumieren, um gut drauf zu bleiben. Du musst dich nicht mit negativen Gedanken und Sorgen rumquälen. Als dankbarer Mensch kannst du tief durchatmen und deine Energie für positive Dinge einsetzen.

Was macht den Unterschied? Woher kommen die positive Lebenshaltung und die innere Einstellung von Dankbarkeit? Sie liegt in der Erkenntnis, dass alles, was du hast, ein Geschenk ist. Deine Talente, deine Fähigkeiten, deine Gesundheit, die Kraft zum Arbeiten, die Menschen in deinem Umfeld, das Gelingen bei deinen Vorhaben, der Erfolg im Sport oder im Beruf. «Dankt dem HERRN, denn er ist gut, und seine Gnade hört niemals auf!» (Psalm 107,1).

Gott oder anderen Menschen gegenüber dankbar zu sein, verändert dein persönliches Bild von dir selbst. Tiefe Dankbarkeit verhindert, dass jemand zu viel auf sich selbst hält, und unterbindet die Tendenz zur Selbstüberschätzung.

Wenn du dich zu einem dankbaren Menschen weiterentwickelst, wirst du feststellen, dass viele Menschen in deinem Umfeld dein neues Selbstbild durchaus wahrnehmen und als anziehend empfinden werden. Wir genießen es alle, mit dankbaren Menschen zusammen zu sein.

Epilog:
DER ICH-GLAUBE ODER «ICH GLAUBE»?

Hast du die 52 Impulse in diesem Buch gelesen? Oder hast du sie sogar aktiv durchgearbeitet? Möglicherweise haben die zahlreichen Impulse bei dir mehr Fragen aufgeworfen, als dass du darin direkte Antworten hättest finden können – war es so? Ehrlich gesagt: Das war Absicht, denn über Fragen forderst du dich heraus, und mit ihnen beginnst du deinen persönlichen Lernprozess.

Du bist einzigartig und wertvoll. Jede Person braucht Raum für die individuelle Entwicklung. Wenn du dich zum Beispiel anderen Menschen immerzu unterordnen musst, hemmt dies dein Wachstum und deine Entwicklung. Falls dich die Themen und die direkten Fragestellungen in diesem Buch angesprochen haben, so befindest du dich am Start des nächsten Entwicklungsschrittes deiner Persönlichkeit. Du hast es in der Hand, dich auf eine Reise zu begeben, bei der du ganz allein entscheiden kannst, wie weit du gehen willst.

Im Status der Persönlichkeitsentwicklung und Persönlichkeitsentfaltung arbeitest du selbst an dir. Du festigst damit das Vertrauen in dich selbst, in deine Talente, in deine Stärken und in deine Fähigkeiten. Je mehr dir gelingt, und je mehr Erfolg du auf deinem Lebensweg hast, desto stärker werden dein Glaube und dein Vertrauen in dich selbst. Die Veränderung fängt bei dir selbst an. Wenn du durch diese Entwicklung zu einem besseren Du wirst, dann ist ein wichtiges Ziel anvisiert oder im besten Fall sogar bereits erreicht.

Bei der Persönlichkeitsentwicklung wirst du für eine gewisse Zeit selbst ins Zentrum gestellt. Falls du dabei in dir drin das Gefühl aufbaust, dass du der wichtigste und großartigste Mensch schlechthin bist, dass du für alles zuständig bist und dass die Welt ohne dich nicht weiterexistieren kann, dann ist das allerdings ein ungesunder Egoismus. Egoismus wird in der Neuzeit verstärkt durch die nahezu unbegrenzten Möglichkeiten, die uns der Wohlstand bietet. Unser geschärftes Bewusstsein für unseren möglichst eindrucksvollen Auftritt und unsere makellose Außenwirkung im echten Leben wie auch in den sozialen Medien sind weitere Gefühlsverstärker der Ich-Bezogenheit.

Den ausgeprägten Ich-Glauben in Frage zu stellen, ist berechtigt. Die Grenze zwischen Selbstbewusstsein, Selbstüberschätzung und Arroganz ist fließend. Wenn du im Leben von Erfolg zu Erfolg eilst, erhöht sich das Risiko, dass du überheblich wirst und die Bodenhaftung verlierst. Wer zu Ruhm und Ehre gelangt, muss besonders auf seine Charakterentwicklung und seine Persönlichkeitsveränderungen achten. Hochmut kommt bekanntlich vor dem Fall. Bei den gefallenen Weltstars aus Wirtschaft und Sport oder bei Celebrities aus dem Show-Business wird diese schmerzhafte Erfahrung in aller Öffentlichkeit breitgeschlagen.

Inwiefern hat der Glaube an Gott mit der Persönlichkeitsentwicklung zu tun? Du könntest doch ebenso gut einfach nur an dich selbst glauben, oder? Wenn Gott für dich der Schöpfer von Himmel und Erde ist, dann hat er auch deine Persönlichkeit, deinen Charakter und dein Wesen in dich hineingelegt, als er dich erschuf. Als unser Schöpfer kennt er nicht nur den Bauplan von uns Menschen, sondern er gibt uns in der Bibel auch eine Fülle an Lebenshilfen, wie wir unsere Persönlichkeit weiterentwickeln können.

Wenn du akzeptierst, dass es über dir eine höhere Macht gibt, dann ist die Wahrscheinlichkeit sehr viel höher, dass du demütiger und verantwortungsvoller lebst und handelst, als wenn du nur dir selbst verpflichtet bist. Gott ist erlebbar, er möchte eine lebendige, vertrauensvolle Beziehung zu dir. Die atemberaubendste Erfahrung ist: Wenn Jesus die Chance erhält, in deinem Leben großartige Dinge zu bewirken, indem du deine menschliche Begrenztheit und Hilfsbedürftigkeit anerkennst – dann sind ganz große Schritte möglich. Es gibt diese beglückende Wahrheit, die ein Mensch, der Gott noch nicht kennt, auch noch nicht wirklich verstehen und leben kann: Wenn du schwach bist und das vor Gott in aller Demut auch so sagen kannst, entfaltet sich in dir seine Kraft. Er hat einen Plan für dein Leben und möchte dich zu einer starken und ehrenhaften Persönlichkeit heranwachsen lassen.

Möchtest du deine Eindrücke und die Erfahrungen aus deinem Leben mit mir oder mit anderen Interessierten teilen? Auf bibelcoaching.ch findest du meinen Kontakt sowie meinen Blog zu den Impulsen im Buch und zu neuen, aktuellen Lebensthemen. Folge mir auch auf Instagram @bibel_coaching.

Thank
you

DANKE

Einen überragenden Dank an dich, meine wundervolle Ehefrau, Freundin und Lebensgefährtin Sandra, und ebenso an unsere Kinder Marisa, Yaël und Tobia für eure wertvolle Unterstützung und die vielen Gespräche, die mich in diesem Buchprojekt entscheidend weitergebracht haben. Ein übersprudelndes Dankeschön meinem lieben Freund Andreas Stalder für deine hilfreichen Feedbacks, deine Motivationszurufe und deine in mich investierte Zeit.

Ein herzliches Dankeschön geht an die jungen Menschen, die als Teens im Jugendprogramm der Evangelischen Freikirche Zug ein Stück ihres Lebensweges mit mir gemeinsam zurückgelegt haben. Danke für eure Offenheit mir gegenüber und für alles, was ich von eurer Generation lernen durfte.

Zu einem tiefen Dank bin ich meiner ganzen Familie und insbesondere meiner Mutter verpflichtet: Ihr seid mein Umfeld, in dem ich mich wertgeschätzt fühle und in dem ich persönlich wachsen durfte.

Ebenso bin ich mit großem Dank dem Fontis-Verlag verbunden und ganz besonders Christian Meyer, Anne Helke und Rebecca Krämer vom Lektorat und René Graf von der Layout-Abteilung für die großartige Unterstützung bei der Realisierung dieses Buches.

QUELLENVERZEICHNIS

1. Ist es vorstellbar, so ist es möglich

- Roger Bannister, https://en.wikipedia.org/wiki/Roger_Bannister
- George Dantzig, https://www.nap.edu/read/12473/chapter/18
- Geschwindigkeit der Erde, https://www.timeanddate.de/astronomie/erde-geschwindigkeit

2. Lobe den Fortschritt, nicht die Perfektion

- Marc Gassert, Alles ist schwer, bevor es leicht wird, S. 90–91, ISBN 978-3-424-20093-5
- Facebook @TobyMac #speaklife, Post vom 8.10.2016

3. Hindernisse formen den Charakter

- Jörg Löhr, Seminarreihe, http://archiv.omnisophie.com/day_36.html
- Parkour, https://de.wikipedia.org/wiki/Parkour

4. Vokabular des größtmöglichen Erfolgs

- Anthony Robbins, Das Robbins Power Prinzip, S. 216–227, ISBN 978-3-548-74226-7

5. Die Nebenwirkungen des Positiv-Effekts

- Zitat von Henry Ford, https://gutezitate.com/zitat/209236
- Sven Voelpel, Fabiola Gerpott, Der Positiv-Effekt, S. 1, 12–13, ISBN 978-3-593-50666-1
- Einfühlsame Ärzte, https://www.luzernerzeitung.ch/panorama/medizin-der-placeboeffekt-in-der-arztpraxis-ld.92192
- Gregor Heiss, Seminar Heiss auf Erfolg, Zug, 23.08.2018

6. Nur was in Bewegung ist, kann gelenkt werden

- Kinematik, https://de.wikipedia.org/wiki/Kinematik
- Zitat von Konfuzius, http://www.sprichworte-der-welt.de/chinesische_sprichworte/konfuzius.html
- Gesichtsmuskulatur, https://www.dr-gumpert.de/html/gesichtsmuskulatur.html
- Anthony Robbins, Das Robbins Power Prinzip, S. 165–167, ISBN 978-3-548-74226-7

7. Die stärkste Dimension im Selbstbewusstsein

- Neil Pasricha, The Happiness Equation, S. 51–55, ISBN 978-0-399-16947-2

8. Über die Gewohnheit zum Expertenstatus?

- 21-Tage-Regel, https://www.empathia.com/the-magic-of-21-days/
- 10'000-Stunden-Regel, https://hbr.org/2007/07/the-making-of-an-expert
- Mark Batterson, if, S. 52, ISBN 978-0-8010-1601-1

9. Erfolgsjournal als Gefühlsverstärker

- Gregor Heiss, 31 ... It Never Was a Secret, S. 42, ISBN 978-3-9503868-0-6

10. Deine Gedanken bestimmen dein Leben

- Gregor Heiss, 31 ... It Never Was a Secret, S. 105–109, ISBN 978-3-9503868-0-6
- Marc Gassert, Alles ist schwer, bevor es leicht wird, S. 68-75, ISBN 978-3-424-20093-5

11. Weg von oder hin zu?

- Leo Martin, Ich durchschau dich!, S. 196, ISBN 978-3-641-10115-2

12. Weder Gier noch Leere bringen Erfüllung

- Neil Pasricha, The Happiness Equation, S. 33–37, ISBN 978-0-399-16947-2
- König Salomo, https://de.wikipedia.org/wiki/Salomo

13. Der Fokus auf die Schwäche schwächt

- Leo Martin, Ich durchschau dich!, S. 246, ISBN 978-3-641-10115-2

14. Bescheidenheit und Durchsetzungsvermögen

- Alfred Adler, https://www.alfredadler.ch/sgipa/organisation/organisation-leitbild-ziele/grundlagen-und-ziele-der-individualpsychologie
- Jim Collins, Der Weg zu den Besten, S. 38, 257–258, ISBN 978-3-593-51157-3
- Zitat Ernst R. Hauschka, http://zitate.net/zitat?id=3429

15. Es ist okay, nicht okay zu sein

- Dr. Denis Mourlane, Resilienz – Die unentdeckte Fähigkeit der wirklich Erfolgreichen, bernetblog, bernet.ch
- Curtis Zackery, Soul Rest, S. 113–118, ISBN 978-1-68359-062-0

16. Der Fleißige schlägt den Talentierten

- Marc Gassert, Alles ist schwer, bevor es leicht wird, S. 21–23, ISBN 978-3-424-20093-5

17. Beschäftigt sein als Statussymbol

- Curtis Zackery, Soul Rest, S. 91, ISBN 978-1-68359-062-0

18. Atemlos durchs Leben?

- Mark Batterson, Lebe gefährlich!, S. 54–58, ISBN 978-3-417-26631-3
- Sabbat, https://de.wikipedia.org/wiki/Sabbat

19. Resignativ zufrieden?

- Anthony Robbins, Das Robbins Power Prinzip, S. 16–17, ISBN 978-3-548-74226-7
- https://www.jesus.ch/themen/glaube/andachten/montags_manna/191553-veraenderung_neues_denken.html

20. Kreativer Ungehorsam

- Dick Fosbury, https://de.wikipedia.org/wiki/Dick_Fosbury
- Zitat George Wells, https://www.zitate.eu/autor/herbert-george-wells-zitate/1984
- Timothy Ferriss, Die 4-Stunden-Woche, S. 46–47, ISBN 978-3-548-37596-0
- Mark Batterson, Wunderland, S. 141, ISBN 978-3-417-26630-6

21. Ausdauer holt die Kraft aus den Gedanken

- Regina Senften, NZZ am Sonntag, 9.9.2018, S. 48 (am 8.9.2018 auch in der Online-Ausgabe)

22. Entscheidungs-Muskeln trainieren

- Marc Gassert, Alles ist schwer, bevor es leicht wird, S. 37–38, ISBN 978-3-424-20093-5
- Anthony Robbins, Das Robbins Power Prinzip, S. 24–35, ISBN 978-3-548-74226-7

23. Gefühle als Geschenk betrachten

- Anthony Robbins, Das Robbins Power Prinzip, S. 266–292, ISBN 978-3-548-74226-7
- https://www.jesus.ch/themen/glaube/glaube/126893-emotionen_und_was_sie_verursachen.html

24. Unsere Antriebskraft: Schmerz und Freude

- Norman Cousins, https://sites.google.com/site/laughofflife/page-1
- Anthony Robbins, Das Robbins Power Prinzip, S. 66–80, ISBN 978-3-548-74226-7

25. Wenn Erfahrungen dein Leben begründen

- Dr. Martin Seligman, Pessimisten küsst man nicht, S. 34, 53, ISBN 978-3-426-77574-5

26. Wer fragt, der führt

- Anthony Robbins, Das Robbins Power Prinzip, S. 190–200, ISBN 978-3-548-74226-7
- Gregor Heiss, Seminar Heiss auf Erfolg, Zug, 23.08.2018

27. Die Verantwortung des Stärkeren

- Jörg Löhr, Lebe deine Stärken!, S. 12–14, 52, 57, ISBN 978-3-430-16172-5

28. Die Macht des Kopfkino-Effekts

- Dietmar Dahmen, Powerday, Lorzensaal Cham, 6.10.2017
- Anthony Robbins, Das Robbins Power Prinzip, S. 245–265, ISBN 978-3-548-74226-7

29. Architekt deines Selbstwerts

- Mutter Teresa, https://de.wikipedia.org/wiki/Mutter_Teresa
- Anthony Robbins, Das Robbins Power Prinzip, S. 363–391, ISBN 978-3-548-74226-7

30. Wenn Worte und Taten übereinstimmen

- Albert Mehrabian, https://de.wikipedia.org/wiki/Albert_Mehrabian

31. Erschöpft vom Fehler-Nachtragen?

- Gregor Heiss, 31 … It Never Was a Secret!, S. 23, ISBN 978-3-9503868-0-6
- Agile Arbeitsmethoden, https://de.wikipedia.org/wiki/Fail-Fast
- Zitat Marie von Ebner-Eschenbach, https://www.aphorismen.de/zitat/1508

32. Zielfokus verhilft zu Stabilität

» Samuel Smithers, University of Leicester, https://www2.le.ac.uk/offices/press/press-releases/2015/july/men-more-likely-to-achieve-targets-if-they-are-set-goals

33. Vom Müssen zum Wollen

» Gregor Heiss, 31 ... It Never Was a Secret, S. 53–57, ISBN 978-3-9503868-0-6

34. Wofür bist du Feuer und Flamme?

» Gregor Heiss, 31 ... It Never Was a Secret, S. 87–91, ISBN 978-3-9503868-0-6

35. Unmöglich: Singen und Angst haben gleichzeitig

» Prof. Dr. Gunter Kreutz, Musikwissenschaftler, Carl von Ossietzky Universität Oldenburg

» Curtis Zackery, Soul Rest, S. 209, ISBN 978-1-68359-062-0

36. Intervalle stärken die Eigenwahrnehmung

» Curtis Zackery, Soul Rest, S. 181, ISBN 978-1-68359-062-0

» https://www.jesus.ch/neuigkeiten/gesundheit_und_umwelt/143630-achtstundenrhythmus_biologisch_gesteuert.html

37. Vergleichen macht unglücklich

» Marc Gassert, Alles ist schwer, bevor es leicht wird, S. 161, ISBN 978-3-424-20093-5

» Schönheitsoperationen, https://blog.tagesanzeiger.ch/datenblog/index.php/253/schoehnheits-operationen-boomen

» Anzahl Tierarten, https://www.schule-und-familie.de/wissen-wieso-weshalb-warum/tiere/wie-viele-tierarten-gibt-es-auf-der-welt.html

38. Sich in andere hineinversetzen

» Marc Gassert, Alles ist schwer, bevor es leicht wird, S. 89, ISBN 978-3-424-20093-5

» Roger Fisher, William Ury, Bruce Patton, Das Harvard-Konzept, S. 55, 87, ISBN 987-3-421-04828-8

39. Im Hier und Jetzt leben

» Gregor Heiss, 31 ... It Never Was a Secret, S. 163–166, ISBN 978-3-9503868-0-6

40. Temperamentvoll oder Ausdruck von Schwäche?

» Louis Thurstone, https://de.wikipedia.org/wiki/Louis_Leon_Thurstone

» Gregor Heiss, 31 ... It Never Was a Secret, S. 181–185, ISBN 978-3-9503868-0-6

41. Mr. & Mrs. Asap!

» Harvard Business Manager, https://tipps.jobs.de/arbeiten-mit-mr-asap-so-managen-sie-einen-fordernden-chef/)

» http://www.cobblestoneroadministry.org/2014/Poem_ASAP.html

42. Einen guten Riecher haben

» https://www.handelsblatt.com/technik/forschung-innovation/schneller-schlau/schneller-schlau-wie-viele-sinne-hat-der-mensch/3646904.html

» Bedeutung von «dufte», https://www.bedeutungonline.de/dufte/

43. Lockerheit und Verbissenheit

» Daniel Gerny, https://www.nzz.ch/schweiz/die-psychologie-der-nervensaegen-1.18067509

» Mark Batterson, Wunderland, S. 10, ISBN 978-3-417-26630-6

44. Singen ist lebensverlängernd

» Prof. Dr. Gunter Kreutz, Musikwissenschaftler, Carl von Ossietzky Universität Oldenburg, https://www.br.de/radio/bayern1/singen-102.html
» Curtis Zackery, Soul Rest, S. 206, ISBN 978-1-68359-062-0

45. Vorurteile ent-lernen

» Roger Fisher, William Ury, Bruce Patton, Das Harvard-Konzept, S. 99, ISBN 987-3-421-04828-8
» William Isaacs, Dialogue, S. 9, ISBN 978-0-385-47999-8

46. Die Extrameile und die zweite Meile

» The Extra Mile – The Less Travelled Path, Molapo Selepe, S. 3-5, ISBN 978-1-925-68167-3
» Zitat Markt Twain, https://www.aphorismen.de/suche?f_rubrik=Aphorismen&f_thema=Heldentum&f_autor=3827_Mark+Twain
» Extrameileneinstellung, https://www.jesus.ch/themen/glaube/glaube/139341-extrameileneinstellung.html

47. Der Aber-Glaube

» Gregor Heiss, Seminar Heiss auf Erfolg, Zug, 23.08.2018

48. Sehnsucht nach Einfachheit

» Werner Tiki Küstenmacher, How to Simplify your Life, S. 10–16, ISBN 978-0-07-143386-0
» Regulierungen Schweiz, https://www.nzz.ch/schweiz/erstaunliche-regulierungen-die-duemmsten-gesetze-der-schweiz-ld.138155
» Verordnungen Europa, https://www.bild.de/geld/wirtschaft/europaeische-union/1400-verordnungen-pro-jahr-so-groß-ist-bruessels-regelwut-40160644.bild.html

49. Schuld macht dich erpressbar

» Diebstahlbarometer, https://www.retailresearch.org/grtb_currentsurvey.php

50. Einheitsbrei und Alltagslangeweile

» Alexandra Bröhm, Sonntagszeitung, 2.06.2019, S. 55
» Einzigartige Schneeflocken, https://www.geo.de/natur/naturwunder-erde/18129-rtkl-schneeflocken-forschung-voellig-einzigartig-wie-verschieden

51. Chronisch schuldbewusst leben?

» Max Scharnigg, Sonntagszeitung, 9.06.2019, S. 49–50
» Marc Gassert, Alles ist schwer, bevor es leicht wird, S. 48–49, ISBN 978-3-424-20093-5
» Gelassenheit, https://www.jesus.ch/themen/glaube/andachten/impuls_heute/106852-das_geheimnis_der_gelassenheit.html

52. Mit Dankbarkeit auf Augenhöhe

» Harvard Health Publications: Giving thanks can make happier, http://www.health.harvard.edu/healthbeat/giving-thanks-canmake-you-happier

BILDNACHWEISE

Cover

- Buch: stock.adobe.com
- Icons: René Graf

Kapitelbilder (bearbeitet durch René Graf)

- Kapitel 1: pexels.com
- Kapitel 2: stock.adobe.com / pexels.com
- Kapitel 3: unsplash.com
- Kapitel 4: René Graf
- Kapitel 5: shutterstock.com
- Kapitel 6: pexels.com
- Kapitel 7: pexels.com
- Kapitel 8: USA Today
- Kapitel 9: dreamstime.com
- Kapitel 10: stock.adobe.com
- Kapitel 11: René Graf
- Kapitel 12: René Graf
- Kapitel 13: shutterstock.com
- Kapitel 14: shutterstock.com
- Kapitel 15: dreamstime.com
- Kapitel 16: Kreuzlinger Zeitung
- Kapitel 17: shutterstock.com
- Kapitel 18: stock.adobe.com
- Kapitel 19: René Graf
- Kapitel 20: shutterstock.com
- Kapitel 21: shutterstock.com
- Kapitel 22: stock.adobe.com
- Kapitel 23: stock.adobe.com
- Kapitel 24: shutterstock.com
- Kapitel 25: shutterstock.com
- Kapitel 26: shutterstock.com
- Kapitel 27: shutterstock.com
- Kapitel 28: shutterstock.com
- Kapitel 29: pexels.com
- Kapitel 30: shutterstock.com
- Kapitel 31: shutterstock.com
- Kapitel 32: stock.adobe.com
- Kapitel 33: shutterstock.com

- Kapitel 34: grillido.de / pexels.com
- Kapitel 35: shutterstock.com
- Kapitel 36: shutterstock.com
- Kapitel 37: shutterstock.com
- Kapitel 38: shutterstock.com
- Kapitel 39: shutterstock.com
- Kapitel 40: shutterstock.com
- Kapitel 41: shutterstock.com
- Kapitel 42: shutterstock.com
- Kapitel 43: tennisworldusa.org
- Kapitel 44: stock.adobe.com
- Kapitel 45: f1online.de
- Kapitel 46: stock.adobe.com
- Kapitel 47: shutterstock.com
- Kapitel 48: stock.adobe.com
- Kapitel 49: pexels.com
- Kapitel 50: stock.adobe.com
- Kapitel 51: stock.adobe.com
- Kapitel 52: pexels.com

Icons und Grafiken

- S. 5: René Graf
- S. 19: René Graf
- S. 107: pinclipart.com / René Graf

Weitere Bilder (bearbeitet durch René Graf)

- S. 222: pexels.com
- S. 230-231: pexels.com
- S. 218-219: pexels.com